Badische Küche

Badische Küche

Regionale Küche mit Tradition

Inhalt

Schlaraffenland der guten Küche

Die Sterne an Badens Kochhimmel strahlen weit über das Land hinaus. Nirgendwo wird auf gutes Essen so viel Wert gelegt und nirgendwo gibt es so viele Sterneköche wie hier im Südwesten Deutschlands.

Es sind nicht nur die klimatischen und landwirtschaftlichen Vorzüge, die Baden zum Mekka für Feinschmecker gemacht haben. Beim Betrachten des Reichtums an Rezepten, die auch den anspruchsvollsten Gaumen verwöhnen, entsteht immer wieder der Eindruck, die Badener haben die Küche all ihrer Nachbarn ausprobiert und stets verbessert. Das kennzeichnet vielleicht die wahre Seele der Badener und entspricht ihrer sprichwörtlichen Cleverness am besten: mit wachen Sinnen im Herzen einer Region zu leben, die im Westen an das französische Elsass, im Süden an die Schweiz, im Norden an die Kurpfalz und im Osten an Schwaben grenzt, und sich stets das Beste der Nachbarn anzueignen, ja es noch zu optimieren. So gilt Baden also in Deutschland als das Schlemmerparadies schlechthin. Außerhalb der Grenzen des Bundeslandes Baden-Württemberg, in dem ja auch noch die von den Badenern weniger geschätzten sparsamen Schwaben zu Hause sind, denkt man bei Baden zunächst an die touristischen Hauptattraktionen, den Schwarzwald und den Bodensee, beides Regionen in Südbaden. Wer sich jedoch näher mit badischer Küche beschäftigt, muss feststellen, dass er differenzieren muss zwischen nord- und südbadischer Küche.

Nordbaden erstreckt sich vom Taubertal, einem der wichtigsten Anbaugebiete des Frankenweins, über den wildreichen Odenwald bis zu den klimatisch besonders gesegneten Rheinebenen mit den Weinen der Bergstraße und der Neckarhänge sowie den Spargelfeldern von Bruchsal bis Schwetzingen.

Einige typische Gerichte dieser Region sind Bauländer Grünkernsuppe mit Markklößchen (das Bauland ist eine der wenigen Regionen Deutschlands, in denen noch Grünkern angebaut wird), geschmälzte Maultaschen, Käsknöpfli (bei den Schwaben heißen die Knöpfli „Spätzle") oder Wildgerichte mit Waldpilzen aus dem Odenwald.

Für Südbaden stehen der Schwarzwälder Bauernschinken und das dazu hervorragend mundende Kirschwasser, die Felchen, Egli und Trüschen aus dem Bodensee, Linsenrahmsüpple mit Kalbsbries und Ochsenbrust in grüner Sauce mit Karthäuser Klößchen. Das Rezept des berühmten Bäckeoffe, ein würziger Eintopf mit verschiedenen in Wein marinierten Fleischsorten, Kartoffeln und Zwiebeln, der im Backofen gegart wird, stammt aus dem Elsass. Mit dem französischen Nachbarn teilen die Südbadener auch ihre Vorliebe für vielfältige Schneckengerichte und mit einem Schuss Weißwein verfeinerte Sahnesaucen.

Vorwort

In Südbaden haben auch die Österreicher, die sich vor zweihundert Jahren wieder zurückzogen, ihre kulinarischen Spuren hinterlassen. Der badische Kratzete, ein mit der Gabel in Stücke gerissener Eierkuchen, hat seine Parallele im Kaiserschmarrn. Gemeinsam ist beiden Regionen überhaupt die Liebe zu Mehlspeisen wie Knöpfle, Bubenspitzle oder Schupfnudeln. Selbst die Linzer Torte betrachten die Badener als eine einheimische Spezialität. Dass Linz in Österreich liegt, haben sie erfolgreich verdrängt.

Schon mit den Römern kam der Wein nach Baden. Die Region ist mit über 15.000 ha Rebfläche das drittgrößte Weinbaugebiet Deutschlands. Auf jeden Fall ist es das südlichste, und rechtfertigt kulinarisch den gelungenen Werbeslogan „Von der Sonne verwöhnt" für seine traditionell gut durchgegorenen und daher trockenen Weine.

Die großen Weißweine Badens sind allen voran der Riesling, der Silvaner und der leider etwas in ihrem Schatten stehende und häufig unterschätzte Ruländer. Der Klassiker unter den Rotweinen ist der Spätburgunder, der im benachbarten Elsass und in Burgund Pinot Noir heißt. Er besticht durch einen fruchtigen Geschmack und seine transparente Röte; mit der Qualität seiner französischen Nachbarn kann er sich ohne Weiteres messen.

Wo guter Wein gedeiht, gedeiht auch gutes Obst. Berühmt sind die Obstgärten der Bodenseeinsel Reichenau. Aber das Obst wird nicht nur frisch genossen, sondern auch zu delikaten Kuchen verarbeitet. Berühmt über die Grenzen Badens hinaus ist die Schwarzwälder Kirschtorte, aber auch der einfachere Zwetschgenkuchen ist nicht zu verachten.

Exzellent sind die in allen Regionen Badens erzeugten Obstbrände. Probieren Sie im Schwarzwald einmal ein Chriesi-Wässerle (aus Wildkirschen gebrannt), einen Himbeergeist oder den „Quetsch" genannten Zwetschgenschnaps. Diese edlen Brände, nach einem üppigen Mahl genossen, brennen auf der Zunge, verwöhnen den Gaumen und erleichtern dem Magen seine Arbeit. Sie sind somit von therapeutischer Natur und befreien den Konsumenten von einem schlechten Gewissen, allzumal aufgrund der Klarheit dieser Wässerli auch der Kopf frei bleibt von unangenehmen Nachwirkungen.

Das Schlemmerparadies Baden hat auch die heimischen Dichter zu kulinarischer Lyrik vom Feinsten beflügelt, und so seien hier hochdeutsche und einheimische Wortsetzer vereint, ihr Lied zu singen, zuerst Julius Weber:

„Inmitten solcher Herrlichkeit / die soll's in allen Ländern geben –
will ich voll tiefster Dankbarkeit, / was die Natur mir schenkt, mundwärts heben.",

gefolgt vom badischen Bauerndichter Theo Gempp aus Ötlingen im Markgräfler Land:

„Wone guete Wii im Cheller, / Öbbis Schwinis uffem Teller,
Une bravi Frau schenkt i, / Luscht und Fride isch derbi,
Une treue Fründ als Gascht, / Do isch halt e gueti Rascht."

Schöner kann man den kulinarischen Garten Eden in Deutschlands Süden kaum beschreiben.

Suppen

Cremige

4 Scheiben Toastbrot
80 g Butter
75 g frischer Meerrettich
2 El Mehl
750 ml Gemüsebrühe
175 ml Sahne
75 ml badischer Riesling
etwas Zitronensaft
Salz
1 Bund Schnittlauch

Das Toastbrot in kleine Würfel schneiden. In 40 g Butter goldbraun braten, herausnehmen und zur Seite stellen. Den Meerrettich putzen, waschen und schälen, anschließend fein reiben. Restliche Butter erhitzen und das Mehl darin anschwitzen. Die Brühe vorsichtig zur Mehlschwitze gießen und damit verrühren. Die Suppe etwa 15 Minuten köcheln lassen. Die Suppe mit Sahne,

Meerrettichsuppe

Meerrettich und Wein vermischen und mit etwas Zitronensaft und Salz würzen. Schnittlauch waschen, trockenschütteln und klein schneiden. Die Schnittlauchröllchen mit den Toastwürfeln auf die Suppe streuen und servieren.

Gebrannte Haferflockensuppe

40 g Butter
50 g Haferflocken
500 ml kräftige Rinderbrühe
500 ml kräftige Gemüsebrühe
Salz
Pfeffer
frisch geriebene Muskatnuss
100 ml Sahne
einige Stiele Petersilie

Die Butter in einem Topf zerlassen und die Haferflocken darin unter ständigem Rühren langsam anrösten. Unter Rühren die Brühe angießen und etwa 30 Minuten köcheln lassen, bis die Suppe schön sämig geworden ist. Die Suppe mit Salz, Pfeffer und Muskatnuss abschmecken.
Die Sahne unterrühren.
Die Petersilie waschen, trockenschütteln und klein hacken. Suppe damit bestreuen und servieren.

Altbadische Sauerampfersuppe

250 g Sauerampfer
50 g Butter
1 l Gemüsebrühe
300 g Kartoffeln
Salz
Pfeffer
2 Eigelb
100 ml Sahne
400 g geräucherte Forellenfilets

Sauerampfer putzen, waschen und klein schneiden, anschließend in der Hälfte der Butter anschwitzen. Wenn es zu Mus zerfällt, die Gemüsebrühe angießen und alles aufkochen. Die Kartoffeln schälen, waschen und klein gewürfelt dazugeben. Mit Salz und Pfeffer abschmecken und etwa 30 Minuten kochen lassen. Die Suppe mit dem Pürierstab pürieren. Einige Esslöffel von der Suppe mit den Eigelb und der Sahne glatt verrühren und die Suppe damit legieren. Die restliche Butter untermixen. Das Forellenfilet häuten, in kleine Stücke schneiden und auf Suppentellern anrichten. Die Suppe darüber verteilen und servieren.

Metzelsuppe

800 g Sauerkraut
1 El Schweineschmalz
ca. 100–175 g getrocknete Zwetschgen und Birnen
3 El Zucker
1 Msp. gemahlener Zimt
800 ml Gemüsebrühe
4 Kochwürste
300 g gegartes Kesselfleisch
etwas Mehl
Salz

Sauerkraut mit einer Gabel auflockern und im heißen Schweineschmalz gut andünsten. Das Dörrobst in Stücke schneiden und dazugeben. Mit Zucker und Zimt würzen und die Gemüsebrühe dazugießen. Alles zum Kochen bringen und etwa 35 Minuten köcheln lassen. Etwa 10 Minuten vor Ende der Garzeit die Würste und das Kesselfleisch darin erhitzen. Wenn das Sauerkraut gar ist und ein Teil der Gemüsebrühe eingekocht ist, die Würste und das Fleisch herausnehmen und warm halten. Etwas Mehl mit Wasser glatt verrühren und den Sud damit leicht binden, anschließend salzen. Das Fleisch in Scheiben schneiden und mit den Würsten zur Suppe servieren.

Spargelsuppe

750 g Spargel
Salz
1 Prise Zucker
1 Tl Zitronensaft
125 ml Sahne
2 Eigelb
2 El trockener Weißwein
Pfeffer
20 g Butter
50 g Schinken
etwas Kerbel zum Garnieren

Den Spargel waschen, schälen, Stangenende abschneiden und den Spargel in etwa 3 cm große Stücke schneiden. Die Spargelstücke in 750 ml kochendem Salzwasser mit dem Zucker und dem Zitronensaft 15 Minuten gar ziehen lassen. Die Sahne in die Spargelbrühe gießen. Das Eigelb mit dem Wein verrühren und vorsichtig unter die heiße, aber nicht mehr kochende Suppe rühren. Suppe mit Salz und Pfeffer abschmecken und nicht mehr kochen lassen. Die Butter zerlassen, den Schinken in Würfel schneiden und darin anbraten. Den Kerbel waschen, trockenschütteln und klein zupfen. Mit den Schinkenwürfeln über die Suppe streuen.

Verheierte

750 g Suppenfleisch
3 Möhren
1 Stange Porree
200 g Sellerie
2 Petersilienwurzeln
200 g Kartoffeln
Salz
300 g Mehl
7 Eier

Das Suppenfleisch mit etwa 1,5 l Wasser aufkochen. Das Gemüse bis auf die Kartoffeln putzen, waschen, schälen und in Würfel schneiden. Die Gemüsewürfel zum Fleisch geben und salzen. Alles etwa 45 Minuten köcheln lassen. Die Kartoffeln schälen, klein würfeln und nach etwa 30 Minuten Kochzeit zur Suppe geben. Inzwischen für die Spätzle das Mehl mit den Eiern und 1/2 Tl Salz zu einem Teig verrühren. Den Teig mit einem Schaber oder einem Messer in kochendes Salzwasser schaben. Sobald die Spätzle an der Oberfläche schwimmen, herausnehmen, abschrecken und abtropfen lassen. Das gare Fleisch klein schneiden, mit den Spätzle in die Suppe geben und servieren.

Offenburger

2 Zwiebeln
2 Äpfel
1 El Gänseschmalz
500 g Sauerkraut
750 ml Rieslingwein
3 Wacholderbeeren
1 Knoblauchzehe
gemahlener Kümmel
2 kleine Möhren
400 g Blut- oder Zungenwurst
175 g Weintrauben ohne Kern
Salz
Pfeffer

Die Zwiebeln und Äpfel schälen, die Äpfel vierteln und das Kerngehäuse entfernen. Zwiebeln und Äpfel in dünne Scheiben schneiden und in dem Gänseschmalz etwa 5 Minuten leicht andünsten. Sauerkraut mit der Gabel auflockern und dazugeben. So viel Wein angießen, bis das Sauerkraut gerade bedeckt ist. Die Wacholderbeeren, die geschälte Knoblauchzehe und nach Belieben etwas Kümmel zufügen. Die

Sauerkrautsuppe

Möhren schälen und darauf legen. Die Wurst schälen und klein würfeln. Mit den gewaschenen Weintrauben darunter heben und 5 Minuten erhitzen. Suppe mit Salz und Pfeffer abschmecken. Die Möhre klein würfeln, über den fertigen Sauerkrauttopf streuen und servieren.

Grumbieresuppe

2 Bund Suppengrün
1 Petersilienwurzel
1 Bund Petersilie
2 Zwiebeln
60 g Schweineschmalz
750 g gewürfelte Kartoffeln
1 1/2 l Fleischbrühe
2 Scheiben Vollkornbrot
1 gehackte Knoblauchzehe
350 g grobe, feste Leberwurst
1 Tl gehackter Majoran

Das Suppengrün und die Petersilienwurzel putzen, waschen und klein würfeln. Die Petersilie waschen, trockenschütteln und klein hacken. Die Zwiebeln schälen und ebenfalls klein hacken. Die Zwiebeln in 30 g Schweineschmalz glasig andünsten. Alles Gemüse etwa 5 Minuten mitdünsten lassen. Die Fleischbrühe angießen und alles zugedeckt etwa 25 Minuten kochen lassen. Das Brot

mit Kracherle

klein würfeln und mit dem Knoblauch in dem restlichen Schmalz von allen Seiten knusprig anbraten. Die Haut von der Leberwurst entfernen, die Wurst halbieren, in Scheiben schneiden und in die Suppe geben. Den Majoran über die Suppe streuen und die Brotwürfel dazu servieren.

Linsenrahmsüpple

200 g getrocknete Linsen (in kaltem Wasser eingeweicht)
100 g Frühstücksspeck
1 1/4 l klare Kalbsbrühe
1 Zwiebel
2 Knoblauchzehen
1/8 l Rahm
1 gelbe Paprikaschote
Salz
Pfeffer
Essig
Butterschmalz
Majoran

Linsen abseihen und gut abtropfen lassen. Speck klein würfeln. Zwiebel und Knoblauch schälen, fein hacken und mit dem Speck in 1 El zerlassenem Butterschmalz anbraten. Linsen zugeben und kurz mitrösten. Mit einem Spritzer Essig ablöschen und mit der Suppe aufgießen. Das Kalbsbries mit kochendem Wasser überbrühen, häuten und in die Suppe geben. Das Ganze zugedeckt bei geringer Hitze in 20 Minuten weichkochen.

mit Kalbsbries

Das Kalbsbries herausnehmen, in feine Streifen schneiden und wieder zur Suppe geben. Paprika putzen, waschen, klein würfeln, überkochen und abschrecken. Die Linsen mit Rahm verfeinern, aufkochen und mit einem Stabmixer fein pürieren. Suppe mit Paprika und Majoran bestreut servieren.

Grüne Bohnensuppe

50 g Dörrfleisch
1 Zwiebel
1 El Öl
1 1/4 l Gemüsebrühe
500 g grüne Bohnen
1 Stängel Bohnenkraut
250 g Kartoffeln
50 ml Sahne
Salz
Pfeffer
1 El frisch gehackte Petersilie

Das Dörrfleisch fein würfeln, die Zwiebel schälen und fein hacken. Das Öl in einem Topf erhitzen und Dörrfleisch mit Zwiebel darin anschmoren. Dann mit der Gemüsebrühe aufgießen. Die Bohnen putzen, waschen und klein schneiden. In die Brühe geben, das Bohnenkraut hineinlegen und alles etwa 10 Minuten köcheln. Kartoffeln schälen und in kleine Würfel schneiden. In die Bohnensuppe geben und diese weitere 10 Minuten köcheln. Anschließend mit Sahne, Salz und Pfeffer abschmecken und das Bohnenkraut entfernen. Mit Petersilie bestreut servieren.

Zwiebelsuppe

5 große Zwiebeln
2 El Butter
1 Knoblauchzehe
1 El Mehl
1 1/4 l Gemüsebrühe
Salz
Pfeffer
4 Weißbrotscheiben
125 g frisch geriebener Gruyere

Zwiebeln schälen und in Ringe schneiden. Die Butter in einem Topf schmelzen und die Zwiebelringe darin andünsten. Die Knoblauchzehe schälen und dazudrücken. Mehl über die Zwiebeln streuen und unterrühren. Gemüsebrühe erhitzen und zugeben. Mit Salz und Pfeffer würzen und etwa 30 Minuten köcheln. Den Backofen auf 180 °C (Umluft auf 160 °C) vorheizen. Die Weißbrotscheiben toasten und auf 4 feuerfeste Suppentassen verteilen. Die Zwiebelsuppe darüber geben. Die Suppe mit Käse bestreuen und im Backofen etwa 15 Minuten überbacken, bis der Käse geschmolzen ist.

Bauländer Grünkernsuppe

1 Zwiebel
1–2 Karotten
2 El Pflanzenöl
80 g Grünkerngrieß
1 l Suppenbrühe
1 Lorbeerblatt
1 Msp. Muskatnuss gerieben
Salz
2 El gehackte Petersilie
Markklößchen vom Metzger

Die Zwiebel schälen und klein würfeln. Die Karotten waschen und putzen und ebenfalls klein schneiden. Beides in einem Topf im heißen Öl solange andünsten, bis die Zwiebeln glasig sind. Den Grünkerngrieß einstreuen und kurz anrösten. Mit der Suppenbrühe aufgießen, aufrühren und aufkochen. Das Lorbeerblatt zufügen. Die geriebene Muskatnuss, die Markklößchen und

mit Markklößchen

eventuell etwas Salz zufügen und zugedeckt bei schwacher Hitze ausquellen lassen (ca. 1/2 Stunde). Abschmecken und mit Petersilie bestreut servieren.

Gebrannte Mehlsuppe

125 g Butterschmalz
125 g Mehl
2 kleine Zwiebeln
2 l Fleischbrühe
2–4 El Rotwein
Salz
frisch geriebene Muskatnuss
75–100 g Crème fraîche
50 g alter Käse

Das Butterschmalz erhitzen und unter ständigem Rühren das Mehl darin etwa 20 Minuten vorsichtig anrösten. Die Zwiebeln schälen, klein würfeln und etwa 10 Minuten mitbraten. Eventuell noch etwas Schmalz dazugeben. Die Fleischbrühe angießen und die Suppe etwa 2 Stunden leicht köcheln lassen. Die Suppe mit etwas Rotwein, Salz, Muskatnuss und Crème fraîche abschmecken. Den Käse fein reiben und dazu servieren.

Gemüse und Beilagen

Altbadener

1 1/2 kg weißer Spargel
500 g grüner Spargel
Salz
1 Tl Zucker
1 El Zitronensaft
175 g Butter
3 kleine Eier
225 g Mehl
150 ml Mineralwasser
Pfeffer
Butterschmalz zum Braten
2 El körniger Senf
125 ml saure Sahne
je 4 Scheiben roher und gekochter Schinken
Kerbel

Spargel waschen, schälen und beiseite stellen. Die Schalen in Wasser etwa 10 Minuten kochen. Herausnehmen und den Sud durchseihen. Sud zurück in den Topf geben und mit 1 Prise Salz, Zucker, Zitronensaft und 20 g Butter aufkochen. Spargel darin garen, grünen Spargel etwa 10 Minuten, weißen Spargel etwa 15 Minuten. Herausnehmen und den Sud auffangen. Die Eier trennen. Eigelb mit 215 g Mehl und Mineralwasser zu einem

Spargelplatte

glatten Teig verrühren, salzen und pfeffern. Eiweiß steif schlagen und darunter heben. In heißem Butterschmalz daraus kleine Küchlein backen, warm halten. 450 g Butter zerlassen, restliches Mehl und den Senf darin anschwitzen. Mit 250 ml Spargelsud und saurer Sahne zu einer glatten Sauce rühren. Sauce 8 Minuten durchkochen lassen. Vom Herd nehmen und die restliche kalte Butter in Stückchen darunter rühren. Spargel mit den Küchlein anrichten. Mit dem Schinken garnieren und mit etwas gewaschenem Kerbel bestreut servieren.

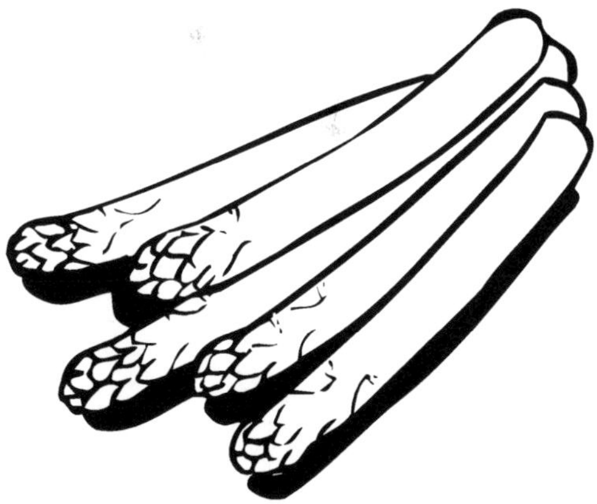

Dinkel-Nuss-Knöpfle

150 g Dinkelmehl
50 g gemahlener Grünkern
Salz
2 Eier
75 g gehackte Walnüsse
75 g Butter
500 g Wirsing
5 Zwiebeln
1–2 Blätter Salbei
etwas Liebstöckel
Muskatnuss
2 El gehackte Petersilie zum Garnieren

Mehl mit dem Grünkern, 1 Prise Salz und Eiern verrühren. Nach und nach so viel lauwarmes Wasser unterrühren, bis der Teig glatt ist und langsam vom Löffel tropft. Den Teig etwa 30 Minuten ruhen lassen. Gehackte Nüsse in der Hälfte der Butter anrösten. Wirsing putzen, waschen und in 1 cm breite Streifen schneiden. Zwiebeln schälen, klein würfeln und in 1 El Butter glasig dünsten. Den Wirsing zu den Zwiebeln geben, kurz mitdüns-

mit Wirsing

ten und 125 ml Wasser angießen. Salzen, Kräuter dazugeben und zugedeckt 12 Minuten bissfest garen lassen. Restliche Butter darunter heben und alles mit frisch geriebener Muskatnuss abschmecken. Reichlich Wasser zum Kochen bringen und kräftig salzen. Den Knöpfleteig einmal kräftig durchrühren und den Knöpflehobel mit kaltem Wasser abspülen. Teig in das kochende Wasser „hobeln" und aufkochen lassen. Sobald die Knöpfle oben schwimmen, herausnehmen, abtropfen lassen und mit den Walnüssen vermischen. Die Knöpfle mit dem Wirsing anrichten und mit Petersilie bestreut servieren.

Randen-Salat

500 g gegarte Rote Bete
100 g Butterkäse
1 Stange Porree
4 Stangen Sellerie
3 kleine Möhren
4 El Öl
2 El Essig
Salz
Pfeffer
Zucker

Die nur knapp bissfest gegarte Rote Bete in kleine Würfel schneiden. Den Käse ebenfalls in kleine Würfel schneiden. Porree putzen, waschen und in dünne Scheiben schneiden. Sellerie putzen, waschen und anschließend klein würfeln. Die Möhren schälen und klein würfeln. Gemüse und Käse miteinander vermischen. Das Öl mit dem Essig verrühren, mit Salz, Pfeffer und Zucker nach Geschmack würzen. Sauce zu dem Gemüse geben und vermischen. Salat vor dem Servieren mindestens 30 Minuten durchziehen lassen.

Schupfnudeln

1 kg mehlig kochende Kartoffeln
Mehl zum Formen
60 g Mehl
1 Ei
2 El Petersilie
Salz
Muskatnuss
50 g Butter

Kartoffeln sauber bürsten, waschen und in der Schale kochen. Anschließend abgießen, pellen und auf eine dünn bemehlte Arbeitsfläche geben. Mit der Kuchenrolle zerdrücken. 60 g Mehl, Ei, Petersilie, 1 Prise Salz und Muskatnuss dazufügen und alles zu einem glatten Teig verkneten. Daraus daumendicke Rollen formen und in etwa 5 cm lange Stücke schneiden. Zu an den Enden spitz zulaufenden Schupfnudeln ausrollen und etwa 15 Minuten ruhen lassen. Die Butter erhitzen, Schupfnudeln darin rundherum knusprig braun braten und zu Schweinebraten servieren.

Bubespitzle mit Rahmsößle

1 kg gegarte Pellkartoffeln vom Vortag
300 g Mehl
Salz
2 Eier
Muskatnuss
200 ml Sahne
2 Zwiebeln
1–2 El Weinessig
frisch gemahlener Pfeffer
1 Eigelb
Mehl zum Formen
2 El Butter

Kartoffeln pellen und zerdrücken. Mit Mehl, 1 Prise Salz, Eiern und Muskatnuss zu einem Teig verkneten. Daraus mit bemehlten Händen kleine Röllchen formen, die an den Enden spitz zulaufen. Die Bubespitzle in kochendes Salzwasser geben. Sobald sie an der Oberfläche schwimmen, sind sie gar. Herausnehmen und abtropfen lassen. Sahne inzwischen langsam einköcheln. Zwiebeln schälen, in dünne Ringe hobeln und darunter heben. Topf vom Herd nehmen. Sauce mit Essig und Pfeffer abschmecken und mit Eigelb legieren. Die Bubespitzle in reichlich Butter knusprig goldbraun braten und mit der Sauce servieren.

Käsknöpfli

1 Tl Salz
1 El Butter
2 El Mehl
500 g Mehl
2 1/2 dl Wasser, lauwarm
4 Eier
250 g Greyerzer Käse, grob gerieben

Das Mehl und das Salz in einer Schüssel mischen. Das Wasser mit den Eiern verquirlen, zum Mehl geben und alles gründlich mischen. Den Teig kurz klopfen und zugedeckt 3 bis 4 Stunden ziehen lassen. Reichlich gesalzenes Wasser aufkochen und den Teig portionsweise ins Knöpflisieb füllen und mit dem Teighörnli durch die Löcher streichen. Sobald die Knöpfli an der Oberfläche schwimmen, mit einer Schaumkelle herausnehmen und abtropfen lassen. Jede Knöpfliportion mit Käse bestreuen und im leicht vorgewärmten Ofen warm stellen.

Bruchsaler

1,2 kg Spargel
Salz
Zucker
80 g Butter
40 g Mehl
Zitronensaft
4 Eier
100 g milder Käse
Butter für die Form

Den Spargel waschen, abtropfen lassen und schälen. Die Spargelstangen in etwa 5 cm lange Stücke schneiden und in kochendem Salzwasser mit 1 Prise Zucker etwa 15 Minuten garen lassen. Herausnehmen und abtropfen lassen. Spargelsud beiseite stellen. Die Butter zerlassen, das Mehl darin anschwitzen und alles mit 700 ml Spargelsud glatt verrühren. Die Sauce etwa 10 Minuten köcheln lassen, anschließend mit

Spargelauflauf

Salz und etwas Zitronensaft abschmecken. Den Backofen auf 175 °C vorheizen. Den abgetropften Spargel in eine gebutterte Auflaufform füllen. Die Hälfte der Sauce darüber gleichmäßig verteilen. Die Eier trennen, das Eigelb unter die restliche Sauce rühren. Das Eiweiß zu steifem Eischnee schlagen und mit dem frisch geriebenen Käse vorsichtig unter die Sauce heben. Die Masse als Haube auf dem Spargel verteilen. Im vorgeheizten Backofen bei 175 °C etwa 30 Minuten goldgelb backen.

Schwarzwurzeln

500 g Schwarzwurzeln
Salz
1 Tl Zitronensaft
1 Brötchen
1 Zwiebel
250 g Hackfleisch
1 Ei
Pfeffer
4 El Butter
125 ml Gemüsebrühe
125 g Schmand

Die Schwarzwurzeln putzen, schälen und waschen. In einem Topf reichlich Salzwasser zum Kochen bringen. Die Schwarzwurzeln in Stücke schneiden und ins kochende Wasser geben. Den Zitronensaft zugeben, damit die Wurzeln sich nicht dunkel verfärben. Etwa 15 Minuten garen, die Schwarzwurzeln sollten noch knackig sein. Dann abgießen. Das Brötchen in warmem Wasser einweichen. Nach 10 Minuten

mit Hackbällchen

gut ausdrücken. Die Zwiebel schälen und hacken. Hackfleisch mit Zwiebeln, eingeweichtem Brötchen und Ei mischen und mit Salz und Pfeffer würzen. Aus dem Teig kleine Klöße formen. In einer Pfanne die Butter erhitzen und die Schwarzwurzeln darin kurz schmoren, die Brühe angießen und die Hackklöße darin etwa 10 Minuten kochen. Wenn die Brühe etwas eingekocht ist, den Schmand unterrühren und abschmecken.

Sellerietorte

450 g TK-Blätterteig
1 großer Staudensellerie
Salz
3 Zwiebeln
175 g gekochter Schinken
2 El Butter
1 El Speisestärke
250 ml saure Sahne
4 Eier
250 g Emmentaler
Pfeffer
Muskat
Fett für die Form

Blätterteig auftauen lassen. Den Staudensellerie putzen, waschen entfädeln und in Salzwasser etwa 15–20 Minuten garen. Anschließend abgießen und abtropfen lassen. Den Backofen auf 200 °C (Umluft 180 °C) vorheizen. Die Zwiebeln schälen und würfeln, den Schinken in Streifen schneiden. Die Butter in einer Pfanne erhitzen und die Zwiebeln darin glasig schmoren. Speisestärke mit saurer Sahne und Eiern verquirlen. Den Käse fein reiben und mit Zwiebeln und gekochtem Schinken mischen. Mit Salz, Pfeffer und Muskat abschmecken. Eine gefettete Springform (Ø 26 cm) gleichmäßig mit dem ausgerollten Blätterteig auslegen. Staudensellerie in Stücke schneiden und auf dem Teig verteilen. Die Käse-Schinken-Mischung darüber geben. Sahne-Ei-Gemisch als Abschluss darüber gießen. Die Torte im Ofen etwa 50 Minuten backen.

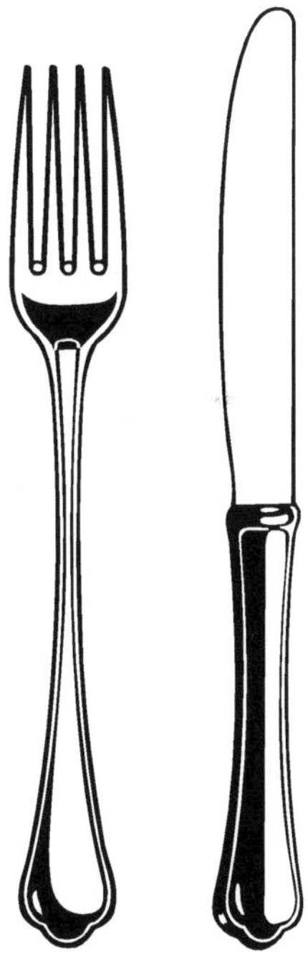

Ofenkartoffeln

1 kg mittelgroße Kartoffeln
2 El Olivenöl
100 g roher Schinken
1 Bund Schnittlauch
1 Zwiebel
125 ml Sahne
2 Eier
Salz
Pfeffer
Muskatnuss
1/2 Tl getrockneter Majoran
5 El Butter

Den Backofen auf 250 °C (Umluft 225 °C) vorheizen. Die Kartoffeln gut waschen und trockenreiben. Die Schale mit Olivenöl einreiben. Kartoffeln in Alufolie wickeln und auf ein Backblech legen. Im Ofen etwa 40 Minuten backen. Den Schinken würfeln, den Schnittlauch waschen, trockenschütteln und fein hacken. Die Zwiebel schälen und fein hacken. Sahne, Schinken, Zwiebel und Schnittlauch mischen und in einem Topf erhitzen. Anschließend vom

mit Häubchen

Herd nehmen. Die Eier trennen. Das Eigelb unter die Sahne-Mischung rühren, das Eiweiß zu steifem Schnee schlagen und unterheben. Die Masse mit Salz, Pfeffer, Muskat und Majoran würzen. Die Kartoffeln längs durchschneiden und vorsichtig bis auf einen Rand von 0,5 cm aushöhlen, das Innere pürieren. Die Butter in einer Pfanne erhitzen und das Kartoffelpüree darin anschmoren, salzen und pfeffern. Sahne-Mischung mit Püree verrühren und alles wieder in die Kartoffeln füllen. Weitere 15 Minuten überbacken.

Rotkohl mit

1 Rotkohl (ca. 800 g)
1 Prise Zucker
3 El Rotweinessig
Salz
100 g Dörrfleisch
1 El Öl
1 Zwiebel
200 ml Rotwein
200 ml Rinderbrühe
1/8 Tl gemahlene Muskatnuss
1/8 Tl Nelkenpulver
Pfeffer
500 g Maronen (a. d. Glas)

Den Kohl waschen, den harten Strunk entfernen und die Kohlblätter in Streifen schneiden. Mit Zucker, Essig und Salz in einer Schüssel mischen und 3 Stunden marinieren lassen. Inzwischen das Dörrfleisch würfeln. Die Zwiebel schälen und hacken. Den Backofen auf 160 °C (Umluft 140 °C) vorheizen. Dörrfleisch in einer Pfanne knusprig braten, evenuell etwas Fett zugeben. Dann herausnehmen und in dem Fett die Zwiebel andünsten. Den

Maronen

Kohl zugeben und etwa 10 Minuten bei geringer Temperatur und geschlossenem Deckel dünsten. Anschließend Wein, Brühe, Dörrfleisch und Gewürze zugeben und den Kohl im Ofen etwa 1 Stunde 20 Minuten garen. Eventuell noch etwas Brühe aufgießen. Nach Ende dieser Garzeit die abgetropften Maronen untermischen und alles weitere 20 Minuten garen, bis alle Flüssigkeit verkocht und der Kohl schön weich ist.

Zwiebelkuchen

200 g Weizenmehl
1 Tl Backpulver
1/2 Tl Salz
100 g Butter
500 g Zwiebeln
5 El Butter
125 ml Milch
Salz
Pfeffer
1 El Speisestärke
100 g Schinkenspeck
2 Eigelb
3 El Sahne

Mehl und Backpulver miteinander mischen und mit Salz, 3 El Wasser und der Butter mischen. Mit dem Handrührgerät zu einem glatten Teig verkneten. Wenn der Teig noch klebt, für einige Zeit kühl stellen. Den Backofen auf 225 °C (Umluft 200 °C) vorheizen. Den Teig auf einer bemehlten Arbeitsfläche ausrollen und in eine Springform (28 cm Ø) legen. Am Rand etwa 2 cm hochdrücken, Teigboden mit einer Gabel einstechen. Den Teig im

Backofen etwa 20 Minuten goldgelb backen. Die Zwiebeln schälen und in Ringe schneiden. Die Butter in einem Topf schmelzen und die Zwiebeln darin andünsten. Milch, Salz und Pfeffer zugeben und etwa 10 Minuten köcheln. Speisestärke mit 1 El Wasser verrühren, zu den Zwiebeln geben und aufkochen lassen. Den Schinkenspeck würfeln. Die Eigelb mit Sahne verquirlen. Speck, Eigelb-Sahne-Mischung zu den Zwiebeln geben und gut verrühren. Die Zwiebelmischung auf dem vorgebackenen Teigboden verteilen und im Ofen bei 180 °C (Umluft 160 °C) weitere 45 Minuten backen.

Pikante

250 g Mehl
5 Eier
175 g Butter
1 kg Lauch
100 ml Sahne
100 ml Milch
Salz
Pfeffer
1/2 Tl Muskat
Edelsüßes Paprikapulver nach Geschmack
Fett für die Form

Das Mehl in eine Schüssel sieben und in die Mitte eine Mulde drücken. Ein Ei hineinschlagen und vermengen. Anschließend 150 g Butter in Flöckchen, 1 Prise Salz und etwas Wasser zufügen und mit den Händen zu einem glatten Teig kneten. Den Teig anschließend etwa 30 Minuten ruhen lassen. Den Lauch putzen, gründlich waschen und den oberen dunkelgrünen Teil der Blätter entfernen, die Stangen aber nicht zerkleinern. Den Lauch in

Lauchtarte

wenig kochendem Salzwasser 2–3 Minuten blanchieren. Dann abgießen, abtropfen und abkühlen lassen. Die restliche Butter in einer Pfanne schmelzen. Den Lauch darin einige Minuten dünsten. Mit Salz und Pfeffer würzen. Den Backofen auf 180 °C (Umluft 160 °C) vorheizen. Den Mürbeteig etwas größer als die Form ausrollen, in die Form legen und am Rand andrücken. Teigboden mit einer Gabel mehrmals einstechen. Die restlichen Eier mit Sahne und Milch verquirlen und würzen. Die Lauchstangen auf dem Teigboden sternförmig verteilen und die Eiermasse darüber gießen. Die Lauchtarte etwa 30 Minuten backen.

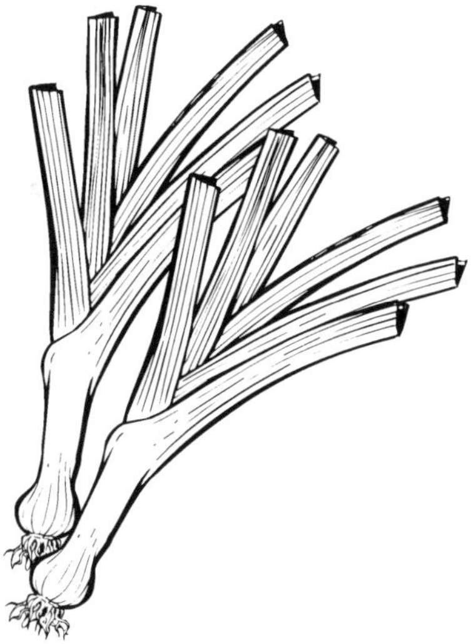

Geschmälzte Maultaschen

3 El Butter
100 g geräucherter Bauchspeck
1 Zwiebel
14 bis 16 Maultaschen

Die Butter schmelzen, den Speck in Würfelchen schneiden und zur Butter geben, dann die Zwiebel in Ringe schneiden und ebenfalls zur Butter geben. Beides goldbraun braten. Die Maultaschen in kochendem Wasser erhitzen, abseihen, das Zwiebel-Speck-Gemisch darüber anrichten.

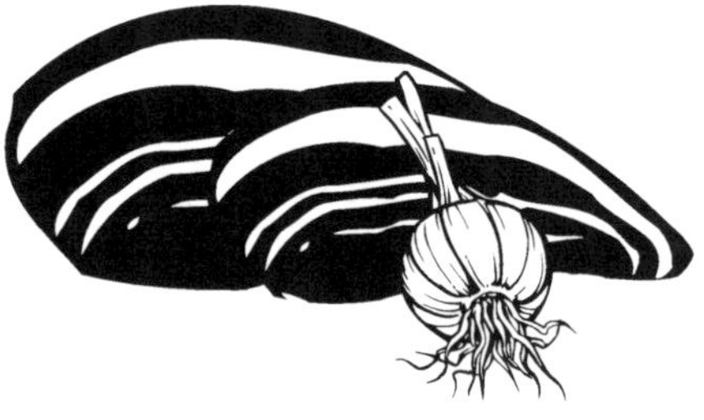

Fleischgerichte

Lamm mit

1 kg Lammrücken
Salz
Pfeffer
3 El Butterschmalz
500 ml Rotwein
je 1/2 Bund Petersilie
Kerbel
Thymian
2 El Paniermehl
4 Knoblauchzehen
3 El Öl

Den Backofen auf 180 °C (Umluft 160 °C) vorheizen. Den Lammrücken mit Salz und Pfeffer einreiben. Das Butterschmalz in einem großen Bräter erhitzen und das Fleisch darin von allen Seiten gut anbraten. Den Wein zum Fleisch geben und kurz aufkochen. Dann den Lammrücken im Ofen etwa 1 Stunde 15 Minuten garen. Gelegentlich mit Bratensaft übergießen. Bei Bedarf Wasser zugeben. Inzwischen die Kräuter waschen, trockenschütteln

Kräuterkruste

und fein hacken. Mit dem Paniermehl vermischen. Die Knoblauchzehen schälen und fein gehackt unter die Kräutermischung geben. Zuletzt das Öl unterrühren und alles mit Salz und Pfeffer würzen. Nach Ende der Garzeit den Bräter aus dem Ofen nehmen und das Fleisch dick mit der Kräuterpaste bestreichen. Das Fleisch erneut in den Ofen stellen und backen, bis die Kruste goldgelb ist. Fleisch aus dem Bräter nehmen und warm stellen. Den Bratensaft mit etwas Wasser oder Wein loskochen und mit Salz und Pfeffer abschmecken. Den Lammrücken mit Kroketten und grünen Bohnen servieren.

Kalbsragout

1 kg Kalbsfleisch aus der Schulter
3 Zwiebeln
3 Pfefferkörner
1 Msp. getr. Thymian
500 ml Weißwein
80 g Butter
250 g Sellerie
2 El Mehl
200 g Morcheln
2 El Kapern
150 g Crème fraîche
Salz
Zitronensaft
1 Prise Zucker
frischer Kerbel

Fleisch in Würfel schneiden und in einen Gefrierbeutel geben. 1 Zwiebel schälen und grob gewürfelt dazugeben. Pfefferkörner, Thymian und Wein hinzufügen. Im Kühlschrank mindestens 24 Stunden marinieren lassen. Das Fleisch herausnehmen, trockentupfen und in 40 g Butter kräftig anbraten. Sellerie und restliche Zwiebeln schälen, klein würfeln und etwa 5 Minuten mitrösten. Alles mit Mehl bestäuben und mit der erhitzten Marinade

mit Morcheln

angießen. Zugedeckt etwa 15–20 Minuten köcheln. Morcheln putzen, wässern und abgetropft in der restlichen Butter dünsten. Kapern dazugeben. Crème fraîche unterrühren und alles mit Salz, Zitronensaft und Zucker abschmecken. Mit Kerbelblättchen bestreut servieren.

Ochsenbrust in grüner Sauce

Für das Fleisch:
1 Stange Lauch
1/2 Sellerieknolle
2 Möhren
2 Gemüsezwiebeln
500 g Ochsenbrust
1 Lorbeerblatt
2 Nelken
Salz

Für die Sauce:
1 Bund Schnittlauch
1 Bund Petersilie
1 Bund Kerbel
1 Bund Sauerampfer
1 Bund Dill
1 Bund Pimpinelle
1 Bund Borretsch
4 Eier
3 El Senf
Saft einer Zitrone
450 g Joghurt
Salz

Für die Klößchen:
4 Brötchen vom Vortag
2 Eier
2 El Zucker
250 ml Milch
Zucker
Zimt
Öl für die Pfanne

Lauch, Sellerie und Möhren waschen, putzen und klein schneiden. Die Zwiebeln schälen und grob würfeln. Alles zusammen mit dem Fleisch und den Gewürzen in einem

mit Karthäuser Klößchen

Topf mit 1,5 l Wasser aufkochen. Das Fleisch zugedeckt etwa 2,5 Stunden bei mäßiger Hitze garen. Inzwischen für die Sauce die Kräuter waschen, abtrocknen und fein hacken. Die Eier hart kochen, pellen und halbieren. Die Eigelbe herauslösen, mit der Gabel zerdrücken und mit Senf und dem Saft der Zitrone verrühren. Die Eiweiße fein hacken. Die Kräuter mit dem Joghurt mischen, mit der Eigelbmischung verrühren und das Eiweiß darunter heben. Mit Salz und Zitronensaft abschmecken. Für die Klößchen die Brötchen vierteln und ein wenig mit der Reibe abreiben. Eier, Zucker und Milch verrühren. Die Brötchen darin einweichen, leicht ausdrücken und rund formen. In den abgeriebenen Bröseln wälzen und in einer Pfanne mit reichlich Öl ausbacken. Danach in einer Zucker-Zimt-Mischung wenden und nochmals in die Pfanne geben. Das Fleisch aus der Brühe nehmen, in Scheiben schneiden und mit der Soße und den Klößchen servieren.

Kalbsleberle Altbaden

750 g Kalbsleber
etwas Mehl zum Wenden
5 Schalotten
50 g Butter
50 g Butterschmalz
Salz
Pfeffer
400 ml Riesling
300 ml Sahne
Zitronensaft
Zucker
Salbeiblättchen zum Garnieren

Die Kalbsleber parieren, in feine Streifen schneiden und leicht mehlieren. Die Schalotten schälen und in dünne Ringe hobeln. Die Butter mit dem Butterschmalz in einer Pfanne erhitzen. Leber und Schalotten dazugeben und bei starker Hitze unter ständigem Rühren braten. Mit Salz und Pfeffer würzen.
Den Wein angießen, alles aufkochen und mit Sahne einköcheln lassen. Mit etwas Zitronensaft und Zucker abschmecken und mit Salbeiblättchen garnieren.

Bühler Kotelett mit Zwetschgen

200 g entsteinte Zwetschgen
2 El Butter
75 ml Sahne
1 Tl grüne Pfefferkörner
Salz
Pfeffer
250 g Champignons
200 g Zucchini
175 g Möhren
1 Frühlingszwiebel
4 Schweinekoteletts
1–2 El Butterschmalz

Die Zwetschgen in 1 El Butter andünsten. Sahne und grünen Pfeffer unterheben, 5 Minuten köcheln und abschmecken. Das Gemüse putzen und waschen, die Möhren schälen. Alles Gemüse klein schneiden und in der restlichen Butter etwa 5 Minuten andünsten. Salzen und pfeffern. Koteletts im Butterschmalz von beiden Seiten 5 Minuten braten, salzen und pfeffern. Das Fleisch mit dem Gemüse und den Zwetschgen anrichten. Dazu passen Kartoffelnudeln.

Bäckeoffe

150 g Rinderbrust
200 g Schweinenacken
1 Lammhaxe
1 Bund Suppengemüse, grob gehackt – gewürfelt
500 g Kartoffeln
1/2 l Weißwein
2 Zwiebeln
1 Knoblauchzehe, gepresst
30 g Butter
1 Lorbeerblatt
1 Thymian
1 Bund Petersilie, grob gehackt – geschnitten
Salz
Pfeffer

Die Rinderbrust mit dem Suppengemüse in einen Topf mit gesalzenem Wasser geben und ca. 2,5 Stunden weich kochen. Nach einer Stunde Kochzeit den Schweinenacken und die Lammhaxe dazugeben. Das weichgekochte Fleisch in mundgerechte Stücke schneiden und im Kochfond warm halten. Kartoffeln und Zwiebeln schälen, in Scheiben schneiden und in einen Topf mit Wasser geben. Dann mit Knoblauch, Salz und Pfeffer würzen, mit dem Weißwein vermischen, Lorbeerblatt und Thymian zugeben und kurz aufkochen, abschütten. In die heiße Bäckeoffeform eine Schicht Zwiebel-Kartoffeln einfüllen. Darauf das Fleisch geben, mit Petersilie bestreuen und wieder Kartoffeln darauf geben. Etwas von dem Fleischkochfond darüber geben, darauf Butterflocken verteilen und mit dem Deckel verschließen. Den Bäckeoffe ca. 20 Minuten in den auf 200 °C (Umluft 180 °C) vorgeheizten Ofen geben. Dann den Deckel abnehmen, nochmals mit Butterflöckchen bestreuen und ohne Deckel ca. 5 Minuten bei starker Oberhitze überbacken.

Schweinefilet mit Apfelringen

100 g getrocknete Apfelringe
500 ml trockener Weißwein
750 g Weißkohl
75 g Butter
2 El Zucker
Salz
Pfeffer
750 g Schweinefilet
1 Tl Majoran
2 El Öl
40 g gehackte Haselnüsse

Die Apfelringe knapp mit Wein bedecken und mindestens 4 Stunden einweichen. Den Weißkohl putzen, waschen und in breite Streifen schneiden. Die Butter zerlassen und den Zucker goldbraun karamellisieren. Kohl darin unter Rühren andünsten, salzen und pfeffern. Restlichen Wein mit 200 ml Wasser angießen und zugedeckt etwa 30 Minuten schmoren lassen. Apfelringe mit dem Sud zugeben und etwa 15 Minuten weitergaren.

und Weißkraut

Die Filets mit Salz, Pfeffer und Majoran einreiben und in dem Öl rundherum etwa 15 Minuten braten. Zugedeckt etwa 10 Minuten ruhen lassen, anschließend in Scheiben schneiden. Das Fleisch auf dem Kohl anrichten. Die Nüsse ohne Fett rösten und darüber streuen.

Schwarzwälder Schäufele

1,2 kg Schweinefleisch, leicht gepökelt und geräuchert
2 Zwiebeln
1 Tl Pfefferkörner
1 Tl Wacholderbeeren
3 Nelken
1 Lorbeerblatt
1 Tl Thymian

Das Fleisch in etwa 2 1/2 l kochendes Wasser geben. Die Zwiebeln schälen, in Scheiben schneiden und dazufügen. Die zerdrückten Pfefferkörner und Wacholderbeeren mit den Nelken, dem Lorbeerblatt und dem Thymian dazugeben. Alles zum Kochen bringen und etwa 15 Minuten sehr stark kochen lassen. Anschließend sorgfältig abschäumen und bei geringer Hitze etwa 2 Stunden offen gar ziehen lassen. Das gare Fleisch herausnehmen und zugedeckt etwa 10 Minuten ruhen lassen. Anschließend das Fleisch in Scheiben schneiden und anrichten. Mit pikant eingelegtem Gemüse und viel Senf servieren.

Kinnbäckle mit grünen Bohnen

750 g frische Bohnen
2 Zwiebeln
1 El Öl
1 Stiel Bohnenkraut
Salz
500 ml Brühe
1 Kinnbäckle (gepökelte und geräucherte Schweinebacke), ca. 600 g

Die frischen Bohnen putzen, waschen und entfädeln. Die Zwiebeln schälen und klein würfeln. Das Öl erhitzen und die Zwiebeln darin 5 Minuten unter Rühren andünsten. Die Bohnen mit dem gewaschenen Bohnenkraut dazugeben und 5 Minuten mitdünsten. Alles salzen und die Brühe angießen. Das Kinnbäckle in Scheiben schneiden, darauf legen und zugedeckt etwa 25–35 Minuten garen lassen.

Kalbfleischtopf

300 g Zwiebeln
1 kg Kalbfleisch aus der Schulter
50 g Butterschmalz
250 ml trockener Weißwein
Salz
Pfeffer
2 Nelken
1 Lorbeerblatt
Saft von 1 Zitrone
1 El Butter
3 Eigelb
250 ml Sahne
frisch geriebene Muskatnuss

Die Zwiebeln schälen und fein würfeln. Das Fleisch in mundgerechte Würfel schneiden. Das Butterschmalz in einem Bräter erhitzen und die Zwiebeln darin andünsten. Die Fleischwürfel zugeben und unter Rühren anbraten. Anschließend die Temperatur herunterschalten und das Fleisch etwa 3 Minuten im Saft köcheln. Den Wein angießen und mit Salz, Pfeffer, Nelken und Lorbeerblatt würzen. Das Fleisch weitere 45 Minuten abgedeckt köcheln. Anschließend das Lorbeerblatt entfernen und das Fleisch aus dem Topf nehmen und warm stellen. Die Sauce mit Zitronensaft aufkochen und etwas reduzieren. Die Butter unterrühren. Das Eigelb mit der Sahne verquirlen und die Sauce damit legieren. Nicht mehr kochen. Mit Muskat abschmecken und über die Fleischwürfel gießen.

Schmorbraten mit

1 Bund Suppengrün
4 Zwiebeln
3 El Butterschmalz
1 kg Rinderbraten
Salz
Pfeffer
250 ml trockener Weißwein
100 g Walnüsse
100 g Sahne
1/2 Tl Cayennepfeffer
2 El Grappa

Das Suppengrün putzen, Möhren und Sellerie schälen und alles klein schneiden. Die Zwiebeln schälen und in Würfel schneiden. Das Butterschmalz in einem Bräter erhitzen und das Fleisch darin von allen Seiten gut anbraten. Mit Salz und Pfeffer würzen. Das Suppengrün und die Zwiebeln zugeben und einige Minuten mitschmoren. Den Wein angießen und den Braten bei geringer Temperatur etwa 1 Stunde und 30 Minuten schmoren. Das

Nuss-Sauce

Fleisch nach der Garzeit aus dem Bräter nehmen und warm stellen. Die Sauce durch ein Sieb in einen Topf streichen. Die Walnüsse fein hacken und mit der Sahne in die Bratensauce geben. Die Sauce erhitzen und mit Salz, Pfeffer, Cayennepfeffer und Grappa abschmecken. Das Fleisch in Scheiben schneiden und mit der Nuss-Sauce servieren. Dazu Kartoffeln, Nudeln, Gemüse oder Salat reichen.

Wirsingrouladen

1 Wirsingkopf
4 dünne Scheiben frische Kalbsleber (à 100 g)
Salz
Pfeffer
2 El Butter
150 ml Weißwein
4 cl Cognac
250 ml Geflügelfond
1 El Wildfond

Den Backofen auf 200 °C (Umluft 180 °C) vorheizen. Vom Wirsingkopf 4 schöne große Blätter aussuchen, die harten Strünke entfernen, die Blätter waschen und in wenig Salzwasser 3 Minuten blanchieren. Die Leber waschen und trockentupfen, Sehnen und Häute entfernen. Die Leber mit Salz und Pfeffer würzen. Je eine Scheibe Leber in ein Wirsingblatt wickeln und mit Küchengarn umwickeln. Einen Bräter mit 1 El Butter einfetten. Die Kohlrouladen hineinlegen und den Bräter in den vorgeheizten Ofen stellen. Die Kohlrouladen etwa 10 Minuten garen. Dann aus dem Ofen und dem Bräter nehmen und auf einer Platte warm stellen. Den Bratfond mit dem Weißwein und dem Cognac ablöschen und zur Hälfte einkochen lassen. Dann Geflügel- und Wildfond zugießen. Die restliche Butter mit dem Schneebesen in die Sauce rühren. Die Kohlrouladen mit der Sauce und frischen Kartoffeln oder Kartoffelpüree servieren.

Tipp: Wenn Sie keine Leber mögen, nehmen Sie stattdessen gemischtes Hackfleisch, das Sie mit Salz, Pfeffer, Majoran und Paprika würzen und mit etwas Paniermehl binden.

Schweinemedaillons

50 g getrocknete Morcheln
700 g Schweinefilet
Salz
Pfeffer
3 El Mehl
100 g Butter
2 cl Sherry
150 g Crème fraîche
1/2 Bund Kerbel

Die Morcheln über Nacht in Wasser einweichen. Am nächsten Tag abgießen, das Einweichwasser durchsieben und aufbewahren. Das Schweinefilet in gleich große Scheiben schneiden. Mit Salz und Pfeffer würzen und in Mehl wenden. Die Butter in einer Pfanne schmelzen und die Medaillons darin von beiden Seiten anbraten. Morcheln in Scheiben schneiden und zugeben. Die Pfanne abdecken. Fleisch und Pilze etwa 20 Minuten

in Morchelrahm

dämpfen, bis die Medaillons auf Druck nicht mehr nachgeben. Aus der Pfanne nehmen und warm stellen. Die Hälfte des Pilzeinweichwassers, Sherry und Crème fraîche zum Bratensaft geben und etwas einkochen lassen. Mit Salz und Pfeffer abschmecken. Den Kerbel waschen, trockenschütteln und hacken. Medaillons mit Sauce und Kerbel servieren.

Gefüllter

1 Rinderbauch (ca. 1,5 kg), auf einer Seite aufgeschnitten
1 Zwiebel
5 Scheiben Graubrot
500 ml Milch
100 g Butterschmalz
5 Eier
je 1/2 Bund gehackte frische Petersilie, Schnittlauch und Kerbel
Salz
Pfeffer
gemahlene Muskatnuss
5 El Zucker
2 Steckrüben
2 Kartoffeln
1 l Hühnerbrühe

Den Rinderbauch innen leicht salzen. Die Zwiebel schälen und würfeln. Die Brotscheiben in der heißen Milch einweichen. 1 El Butterschmalz in einer Pfanne erhitzen und die Zwiebel darin andünsten. Die Brotscheiben ausdrücken, zu der Zwiebel geben und unterrühren. Die Eier mit den gehackten Kräutern verquirlen und unterrühren, mit Salz, Pfeffer und Muskat abschmecken. Den Backofen auf 200 °C (Umluft 180 °C) vorheizen.

Rinderbauch

Den Rinderbauch mit der Pfannenmischung füllen und zunähen. Das restliche Butterschmalz in einem Bräter erhitzen und den Rinderbauch darin von allen Seiten gut anbraten. Den Zucker zugeben und karamellisieren lassen. Rüben und Kartoffeln waschen, schälen und in Streifen schneiden. Beides zum Fleisch geben, mit der Hühnerbrühe auffüllen.

Das Fleisch im Ofen abgedeckt etwa 1 Stunde 30 Minuten schmoren. Dann herausholen und in Scheiben schneiden. Mit dem Gemüse servieren.

Leberknödel

325 g Schweineleber
125 g durchwachsener Speck
1 Zwiebel
150 g Paniermehl
2 Eier
Salz
Pfeffer
1/2 Tl Majoran
1/2 Bund gehackte frische Petersilie

Die Leber waschen, trockentupfen und klein schneiden, den Speck ebenfalls in kleine Stücke schneiden. Beide ganz fein hacken. Die Zwiebel schälen und ebenfalls hacken. Den Fleischteig mit dem Paniermehl und den Eiern vermengen und mit Salz, Pfeffer, Majoran und Petersilie würzen. In einem großen Topf Wasser zum Kochen bringen. Aus dem Fleischteig Golfball große Klöße formen und im kochenden Wasser garen lassen. Sie sind fertig, wenn sie an die Wasseroberfläche kommen. Knödel aus dem Wasser heben und abtropfen lassen. Die Leberknödel mit frischem Sauerkraut und Kartoffelbrei servieren.

Wild und Geflügel

Wildschweinrücken

einige Wildschweinknochen
je 150 g gewürfelte Möhren
Sellerie und Zwiebeln
5 gewürfelte Knoblauchzehen
3 El Öl
3 Lorbeerblätter
1 Tl schwarze Pfefferkörner
300 ml Weißwein
70 g Meerrettich
100 g gewürfelter fetter Speck
Pfeffer
Salz
1 küchenfertiger Wildschweinrücken, ca. 2 kg
50 g Butterschmalz
Zucker
1 El Zitronensaft
100 g Crème fraîche

Knochen und alles Gemüse in Öl etwa 15 Minuten kräftig braten. Gewürze und Wein dazugeben und etwa 15 Minuten offen kochen lassen. 1 l Wasser dazugießen und etwa 1,5 Stunden offen köcheln. Durchseihen, auf etwa 500 ml einkochen und abkühlen lassen. Den Meerrettich schälen und etwa 30 g würfeln. Speck mit gewürfeltem Meer-

mit Meerrettichkruste

rettich, Pfeffer und Salz pürieren, Rücken damit bestreichen und zugedeckt 12 Stunden kalt stellen. Backofen auf 225 °C (Umluft 200 °C) vorheizen. Den Wildschweinrücken in einer Fettpfanne mit Butterschmalz 30 Minuten braten. Wildfond vom Vortag erhitzen und restlichen Meerrettich fein reiben. Beides mit Salz, 1 Tl Zucker, Zitronensaft und Crème fraîche sorgfältig verrühren. Den Wildschweinrücken in Scheiben schneiden und die Sauce dazu servieren.

Rehrücken

1 Rehrücken, ca. 1,2 kg
1 Tl Wacholderbeeren
Salz
Pfeffer
100 g fetter Speck in dünnen Scheiben
50 g Butterschmalz
400 g Crème fraîche
4 Birnen
1 Prise Zimt
1 Tl Zitronensaft
2 El Butter
125 g Preiselbeerkompott

Den Backofen auf 250 °C vorheizen. Den Rehrücken eventuell häuten, der Länge nach etwa 1 cm tief vorsichtig am Knochen entlang einschneiden. Wacholderbeeren zerdrücken, Rehrücken damit einreiben, salzen und pfeffern und anschließend mit Speck belegen. Den Rehrücken in eine Fettpfanne mit Butterschmalz legen und im Backofen etwa 30 Minuten bei 250 °C (Umluft 200 °C) braten lassen. Die Crème fraîche darüber verteilen und etwa 20 Minuten weitergaren. Anschließend die Speckscheiben entfernen und die Filets vom Knochen lösen. Die Birnen schälen, halbieren und entkernen, mit Zimt und Zitronensaft würzen. Birnen in der Butter bissfest dünsten und anschließend mit Preiselbeerkompott füllen. Den Rehrücken anrichten, Bratenfond darüber verteilen und mit den Birnen garnieren.

Hahn in

1 Hähnchen, ca. 2 kg
75 g Butterschmalz
Salz
Pfeffer
10 frische Perlzwiebelchen
300 g kleine Champignons
500 ml trockener Rieslingwein
1 Bund glatte Petersilie
1 Zweig Rosmarin
1 Zweig Thymian
150 ml Sahne
3 Eigelb
Zitronensaft
30 ml Cognac

Hähnchen in Portionsstücke teilen und im heißen Butterschmalz etwa 15 Minuten anbraten. Salzen, pfeffern und warm stellen. Zwiebeln schälen, Champignons sauber bürsten und in Scheiben schneiden. Beides im Bratfett etwa 5 Minuten dünsten. Fleisch wieder zufügen und alles mit dem Riesling angießen. Die gewaschenen Kräuter dazugeben. Alles zugedeckt etwa 40 Minuten langsam garen. Fleisch, Zwiebeln und Pilze

badischem Riesling

herausnehmen, anrichten und warm halten. Bratenfond durchsieben, Sahne mit Eigelb verquirlen und den Fond unter Rühren damit binden, aber nicht kochen lassen. Sauce mit etwas Zitronensaft und Cognac abschmecken. Fleisch mit der Sauce anrichten.

Gefüllte Ente

1 küchenfertige Ente, ca. 1,5 kg
Salz
Pfeffer
1/2 Tl getr. Thymian
1 eingeweichtes Brötchen
3 Äpfel
1 Ei
50 g Korinthen
4 El gehackte Petersilie
125 ml Sahne
4 cl Zwetschgenwasser
1–2 El Butter
Johannisbeergelee
Holzspießchen

Ente mit den Gewürzen einreiben. Backofen auf 225 °C (Umluft 200 °C) vorheizen. Brötchen ausdrücken. Äpfel waschen, 1 Apfel schälen, entkernen und grob geraspelt zum Brötchen geben. Mit Ei, Korinthen und Petersilie vermischen, salzen und pfeffern. Die Masse in die Ente füllen, mit Holzspießchen zustecken. Ente im Bräter mit 300 ml kochendem Wasser übergießen. Im Backofen etwa 1 1/2 Stunden braten, zwischendurch mit Bratenfond oder

Wasser begießen. Die Ente herausnehmen und in Portionsstücke teilen. Den Bratenfond mit Sahne aufkochen und mit Zwetschgenwasser abschmecken. Das Kerngehäuse aus den restlichen Äpfeln ausstechen und Äpfel in dicke Ringe schneiden. In Butter gar dünsten, mit Johannisbeergelee füllen und zur Ente servieren.

Kaninchen

1 küchenfertiges Kaninchen
Salz
Pfeffer
1 Zwiebel
1 Knoblauchzehe
1 Möhre
3 El Butterschmalz
3 El Mehl
250 ml trockener Weißwein
250 ml Kalbsfond
2 Nelken
1 Lorbeerblatt
5 Pfefferkörner
5 Wacholderbeeren
250 g frische Pfifferlinge
2 El Butter
1 Tl frisch gehackter Estragon

Das Kaninchen in Portionsstücke teilen und mit Salz und Pfeffer würzen. Zwiebel und Knoblauchzehe schälen und hacken. Die Möhre schälen und würfeln. Das Butterschmalz in einem Bräter erhitzen und die Kaninchenteile darin anbraten. Möhre, Zwiebel und Knoblauch zugeben und kurz mitschmoren. Das Mehl über den Bräterinhalt

mit Pilzen

stäuben und alles mit Wein und Fond begießen. Die Nelken, das Lorbeerblatt, die zerdrückten Pfefferkörner und die Wacholderbeeren zugeben und das Kaninchen abgedeckt etwa 45 Minuten garen. Inzwischen die Pfifferlinge putzen und waschen. Butter in einem Topf erhitzen und die Pilze darin andünsten. Den Estragon darüber streuen. Die Kaninchenteile aus dem Topf nehmen, die Sauce durch ein Sieb passieren. Dann mit den Estragon-Pilzen vermischen, aufkochen und zum Kaninchen servieren.

Wildschweinroulade

750 g Wildschweinkeule ohne Knochen
Salz
Pfeffer
mittelscharfer Senf
150 g Bauchspeck
3 Zwiebeln
4 El Butterschmalz
500 ml Wildbrühe
4 Wacholderbeeren
1 Lorbeerblatt
125 ml saure Sahne

Wildschweinkeule in 4 Scheiben schneiden und klopfen. Die Fleischscheiben mit Salz und Pfeffer einreiben und mit Senf bestreichen. Den Bauchspeck in 4 Scheiben schneiden und die Wildrouladen damit belegen. Die Zwiebeln schälen, in Ringe schneiden und auf den Speck legen. Rouladen zusammenrollen und mit Rouladennadeln zusammenstecken. Das Butterschmalz in einem Bräter erhitzen und die Rouladen darin von allen

Seiten anbraten. Die Brühe angießen, Wacholderbeeren und Lorbeerblatt zugeben und die Rouladen bei mittlerer Temperatur etwa 1 Stunde und 20 Minuten braten. Mehrmals mit Bratenfond übergießen.

Die fertigen Rouladen aus dem Bräter nehmen und die Sauce durch ein Sieb passieren. Mit saurer Sahne abschmecken. Rouladen mit Sauce und frischen Spätzle oder Nudeln servieren.

Gebratener

1 großer küchenfertiger Fasan
Salz
50 g geräucherter Speck
5 El Butterschmalz
100 g grob gehackte Mandeln
250 ml Traubenmost
250 ml Orangensaft
200 ml Geflügelfond
2 cl Cognac
2 Tl Speisestärke
Pfeffer
125 ml Sahne

Fasan innen und außen gut salzen, Flügel und Keulen mit Küchengarn festbinden. Den Speck in dünne Scheiben schneiden und den Fasan damit umwickeln. Das Butterschmalz in einem Bräter erhitzen und den Fasan darin etwa 10–15 Minuten gut anbraten. Die Mandeln zugeben und mitschmoren. Traubenmost, Orangensaft und Geflügelfond angießen und alles etwa 10 Minuten köcheln. Cognac zufügen und den Bräter mit dem Deckel verschließen. Den

Fasan

Fasan 40 Minuten garen, dabei mehrmals mit Bratenfond übergießen. Nach der Garzeit den Fasan aus dem Bräter nehmen. Speckscheiben in Würfel schneiden, den Fasan warm stellen. Die Speisestärke in etwas kaltem Wasser anrühren und die Sauce damit binden. Speck zugeben und die Sauce abschmecken. Die Sahne einrühren und die Sauce noch einmal erhitzen. Fasan mit Sauce übergießen und servieren.

Hirsch mit

600 g Hirschrücken
1 Knoblauchzehe
Salz
je 1 Tl Rosmarin
Salbei
Koriander
gemahlener Piment
5 Wacholderbeeren
2 Nelken
1 Lorbeerblatt
Pfeffer
3 El Butterschmalz
250 ml Wildfond

Hirschrücken gut trockentupfen. Den Knoblauch schälen und mit etwas Salz zerdrücken. Rosmarin, Salbei und Koriander fein hacken, Wacholderbeeren und Nelken zerdrücken, das Lorbeerblatt zerkrümeln. Diese Kräuter mit Piment und Pfeffer mischen und den Hirschrücken gut damit einreiben. Die Kräuter festdrücken. Das Butterschmalz in einem Bräter erhitzen und den Hirschrücken darin anbraten. Etwa 20 Minuten braten, sodass das Fleisch

Kräuterkruste

noch saftig ist. Dann aus dem Bräter nehmen und den Bratenfond mit Wildfond ablöschen. Die Sauce etwas einkochen lassen. Das Fleisch in Scheiben schneiden und mit der Sauce servieren. Dazu Rotkraut und Bandnudeln servieren.

Hasenkeule

4 Hasenkeulen
Salz
Pfeffer
10 Wacholderbeeren
75 g durchwachsener Speck
1 Stück Speckschwarte
1 Zwiebel
5 El Butterschmalz
2 Lorbeerblätter
250 ml trockener Rotwein
1 El Speisestärke
2 cl Wacholderschnaps
250 ml Sahne

Hasenkeulen von Häuten und Sehnen befreien, mit Salz und Pfeffer einreiben. 8 Wacholderbeeren zerdrücken und die Hasenkeulen damit bestreichen. Den Speck in Würfel schneiden, die Speckschwarte in Stücke schneiden. Die Zwiebel schälen und hacken. Das Butterschmalz in einem Bräter erhitzen und den Speck mit der Speckschwarte darin andünsten. Zwiebel zugeben und glasig dünsten. Die Hasen-

in Rahmsauce

keulen hineinlegen und mit restlichen Wacholderbeeren und Lorbeerblättern belegen. Bei geschlossenem Bräter etwa 30 Minuten schmoren. Anschließend den Rotwein nach und nach dazugießen und die Keulen weitere 40 Minuten schmoren. Nach der Garzeit aus dem Bräter nehmen und warm stellen. Die Bratensauce durch ein Sieb passieren und etwas einkochen lassen. Die Stärke in wenig Wasser einrühren und die Sauce damit binden. Mit Wacholderschnaps abschmecken und mit Sahne verfeinern.

Geschmorte

1 kg Rehkeule
Salz
Pfeffer
gemahlene Muskatnuss
4 El Butterschmalz
5 Wacholderbeeren
3 Lorbeerblätter
500 ml trockener Rotwein
1 Bund Suppengrün
2 Zwiebeln
2 El Speisestärke
150 ml Sahne
100 g Preiselbeeren

Den Backofen auf 180 °C (Umluft 160 °C) vorheizen. Die Rehkeule von allen Seiten mit Salz, Pfeffer und Muskatnuss einreiben. Das Butterschmalz in einem großen Bräter erhitzen und die Rehkeule von allen Seiten gut anbraten. Die Wacholderbeeren und die Lorbeerblätter zugeben und mit etwas Rotwein ablöschen. Die Keule im Ofen etwa 2 Stunden schmoren. Inzwischen das Suppengrün putzen,

Rehkeule

waschen, Möhre und Sellerie schälen, das Gemüse klein schneiden. Zwiebeln schälen und würfeln. Nach 1 Stunde Garzeit zur Keule geben. Nach und nach den restlichen Rotwein zugießen. Nach der Garzeit die Keule aus dem Bräter nehmen und die Sauce durch ein Sieb passieren. Speisestärke in etwas Wasser anrühren und die Sauce binden. Mit Sahne und Preiselbeeren verfeinern. Zur Rehkeule servieren.

Hasenterrine

- 4 ausgelöste Hasenrückenfilets
- Salz
- Pfeffer
- 1 Tl edelsüßes Paprikapulver
- 1 Tl gemahlener Koriander
- 1 Tl Kräuter der Provence
- 250 ml Cognac
- 4 ausgelöste Hasenvorderläufe
- 100 g fetter Speck
- 100 ml Sahne
- 1 Ei
- 1 Tl Pastetengewürz
- 4 große dünne Scheiben fetter Speck
- 1 El grüne Pfefferkörner
- 1 Gänseleber
- 2 Lorbeerblätter
- 5 Wacholderbeeren

Das Fleisch von Häuten und Sehnen befreien. Mit Salz, Pfeffer, Paprika, Koriander, Kräutern der Provence einreiben und in Cognac einlegen. Über Nacht marinieren lassen. Den Backofen auf 100 °C (Umluft 80 °C) vorheizen. Die Vorderläufe mit fettem Speck und Sahne fein pürieren und mit Ei, Salz und Pastetengewürz mischen. Eine Terrine bis über den Rand mit den Speckscheiben auslegen, etwas Fleischpüree darauf verteilen. Mit Pfefferkörnern belegen. Die Filets aus der Marinade nehmen, abtropfen lassen und auf das Püree legen. Die Gänseleber waschen, trockentupfen und in Streifen schneiden. Auf die Filets legen, Pfefferkörner darüber geben und mit restlichem Fleischpüree bedecken. Die Terrine mit den überhängenden Speckscheiben abdecken und mit Lorbeerblättern und Wacholderbeeren belegen. Die Terrine im Wasserbad im Ofen etwa 1 Stunde 30 Minuten garen. Danach mit einem Brett beschweren und abkühlen lassen. Vor dem Servieren noch etwa 2 Tage in den Kühlschrank stellen.

Wachteln

1 kg frisches Sauerkraut
1/2 Tl Kümmel
2 Zwiebeln
2 El Butterschmalz
2 kleine Äpfel
250 ml Weißwein
500 ml Kalbsfond
20 Wacholderbeeren
10 Pfefferkörner
4 küchenfertige Wachteln
4 Scheiben Räucherspeck
125 g Schinkenspeck in Scheiben

Das Sauerkraut mit dem Kümmel mischen. Die Zwiebeln schälen und hacken. Das Butterschmalz in einem Bräter erhitzen und die Zwiebeln darin andünsten. Die Äpfel schälen, vierteln und von den Kerngehäusen befreien. Äpfel und Sauerkraut in den Bräter geben. Weißwein, Kalbsfond und Gewürzkörner zugeben und alles abgedeckt etwa 1 Stunde 15 Minuten köcheln. Die Wachteln waschen und

mit Kraut

trockentupfen und mit den Räucherspeckscheiben umwickeln. Kurz vor Ende der Garzeit die Hälfte des Krauts aus dem Topf nehmen, die Schinkenspeckscheiben hineinlegen und die Wachteln darauf legen. Das restliche Kraut wieder einfüllen und alles eine weitere Stunde schmoren.

Rehleber mit Essigzwetschgen

1 1/2 kg feste Zwetschgen
250 ml Weinessig
125 ml Weißwein
750 g Zucker
1 Zimtstange
3 Nelken
1 Rehleber
Pfeffer
1–2 El Mehl
Butterschmalz zum Braten
Salz

Zwetschgen abreiben, halbieren und entsteinen. Essig mit Wein, Zucker, Zimt und Nelken aufkochen. Die Zwetschgen darin einmal aufkochen. Herausnehmen, Flüssigkeit zum Sirup einkochen, über die Zwetschgen geben und beiseite stellen. Die Leber putzen, in etwa 1 cm dünne Scheiben schneiden, pfeffern und in Mehl wenden. Butterschmalz erhitzen und die Leber darin von beiden Seiten 1 Minute braten. Die Leber salzen und alles mit den Zwetschgen anrichten. Dazu passen Schupfnudeln.

Fischgerichte

Kretzer mit

3 unbehandelte Zitronen
4 küchenfertige Kretzer (Saiblinge) à ca. 250 g
Salz
5 Zwiebeln
1/2 Tl gehackter Thymian
1 El Butter
1 El Mehl
150 ml Brühe
125 ml Sahne
2 El grober Senf
100 g Crème fraîche
Pfeffer
Butter für die Form

Den Backofen auf 200 °C (Umluft 180 °C) vorheizen.
1 Zitrone auspressen und die Fische bis auf 1 Tl damit säuern. Anschließend salzen und mit der Öffnung nach unten in eine gefettete Auflaufform legen. Restliche Zitronen waschen, vierteln und dazulegen. Zwiebeln schälen und in Ringe hobeln und mit Thymian in Butter glasig dünsten. Mehl 1 Minute darin anschwitzen lassen. Brühe und

Senfkornsahne

Sahne unter Rühren hinzugießen und die Sauce 5 Minuten einköcheln lassen. Senf und Crème fraîche darunter rühren. Sauce mit restlichem Zitronensaft, Salz und Pfeffer würzen und über die Fische gießen. Im Backofen 20 Minuten garen.

Saibling mit

250 g Porree
Salz
140 g Butter
Pfeffer
1 El Zitronensaft
75 g Paniermehl
4 Saiblingsfilets à ca. 175 g
5 El badischer Weißwein
150 ml Sahne
1 El gehackte Petersilie

Porree putzen, waschen und in dünne Scheiben schneiden. Anschließend in 300 ml Salzwasser etwa 30 Sekunden blanchieren, abschrecken und abtropfen lassen. Kochsud beiseite stellen. 40 g weiche Butter mit Salz und Pfeffer schaumig rühren. Mit Zitronensaft, Paniermehl und 4 El Porree zu einer Paste verarbeiten. Filets salzen, mit der Masse bestreichen und in eine Auflaufform legen. 5 El Wasser und den Wein

Porreehaube

dazugeben und den Fisch bei 250 °C (Umluft 220 °C) etwa 10 Minuten gratinieren. Restlichen Porree im Sud erhitzen. Sahne und restliche Butter darunter mixen. Mit Salz und Pfeffer würzen. Die Sauce mit dem Pürierstab aufschäumen, auf Teller gießen und die Filets darauf anrichten. Mit Petersilie bestreuen.

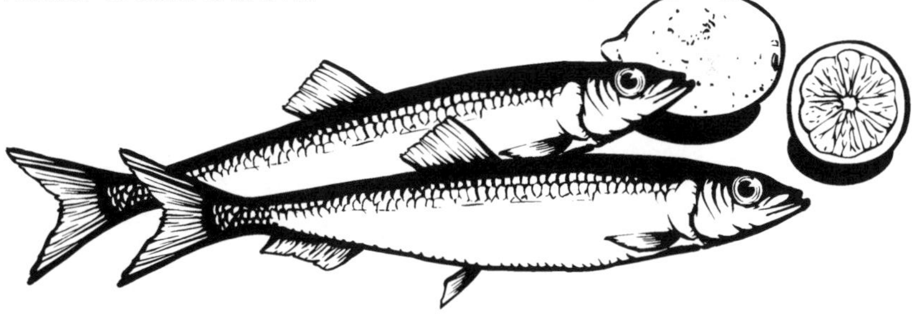

Aal in

1 kg kleine Aale
5 Schalotten
1 Stange Porree
1 Stiel Thymian
4 Stiele Petersilie
40 g Butter
1 Lorbeerblatt
250 ml badischer Ruländer
250 ml Sahne
Salz
Pfeffer
Muskatnuss

Die Aale häuten, anschließend filetieren und das dunkle Unterhautfettgewebe entfernen. Die Filets in Stücke schneiden. Die Schalotten schälen und klein hacken. Den Porree waschen und in Scheiben schneiden. Die Kräuter waschen, trockenschütteln, die Blättchen von den Stielen zupfen und klein hacken. Aal in der heißen Butter anbraten. Die Kräuter, Schalotten, Porree und das Lorbeerblatt dazugeben und

Ruländersauce

2 Minuten mitbraten lassen. Den Wein angießen und alles 5 Minuten köcheln. Sahne dazugießen und 5 Minuten weiterköcheln lassen. Aal herausnehmen und warm stellen. Lorbeerblatt entfernen. Die Sauce einreduzieren, salzen und pfeffern und mit etwas frisch geriebener Muskatnuss abschmecken. Aal mit der Sauce anrichten.

Beschwipste

4 küchenfertige Forellen à ca. 250 g
Salz
Pfeffer
Saft von 1 Zitrone
5 Schalotten
250 g Champignons
ca. 750 ml badischer Rieslingsekt
1 El Butter
1 Tl Mehl
200–250 ml Sahne
1 El gehackte Petersilie

Die Forellen von innen und außen salzen, pfeffern, mit dem Zitronensaft beträufeln und etwa 15 Minuten ziehen lassen. Den Backofen auf 200 °C vorheizen. Inzwischen die Schalotten schälen und in dünne Ringe schneiden. Die Champignons sauber bürsten und in dünne Scheiben schneiden. Die Forellen in eine tiefe Auflaufform legen. Die Schalotten und die Champignons dazugeben. Mit so viel Sekt auffüllen, dass die Forellen gerade

Schwarzwaldforelle

bedeckt sind. Im vorgeheizten Backofen bei 200 °C (Umluft 180 °C) etwa 15 Minuten garen. Die Forellen sind gar, wenn sich die Rückenflossen leicht herausziehen lassen. Gare Forellen vorsichtig aus dem Sud herausnehmen und warm stellen. Die Butter mit dem Mehl verkneten und den Sud damit binden. Die Sahne unterrühren. Forellen mit der Sauce servieren und mit Petersilie bestreuen.

Bodensee-Saibling im Mangoldmantel

750 g Mangold
Salz
8 kleine Saiblingsfilets
Pfeffer
etwas Mehl
3 El Butter
200 ml badischer Weißwein
2 Knoblauchzehen

Mangold putzen, waschen, Blätter von den Stielen streifen und die Stiele beiseite legen. Die Blätter in Salzwasser blanchieren, abschrecken und abtropfen lassen. Backofen auf 200 °C (Umluft 180 °C) vorheizen. Fischfilets salzen, pfeffern und in Mehl wenden. Anschließend in 2 El Butter leicht anbraten. Filets in Mangoldblätter fest einwickeln, in eine gebutterte Auflaufform legen und den Wein angießen. Knoblauch schälen, in dünne Scheiben hobeln und darauf verteilen. Im Backofen etwa 20 Minuten backen lassen. Inzwischen Mangoldstiele in Stücke schneiden und in der restlichen Butter langsam garen. Salzen und pfeffern und zu dem Fisch servieren.

Zanderfilet mit Dillsauce

1 Schalotte
200 ml trockener Weißwein
200 ml Sahne
1 Bund gehackter frischer Dill
100 g Butter
2 El Distelöl
4 Zanderfilets
Salz
Pfeffer

Die Schalotte schälen und hacken. Mit dem Wein in einen Topf geben und köcheln, bis die Flüssigkeit fast vollständig verkocht ist. Die Sahne zugeben und zu einem Drittel einkochen lassen. Dill und 75 g Butter mit einem Schneebesen in die Sauce rühren und mit Salz und Pfeffer würzen. Die Sauce im Wasserbad warm halten. Das Öl und die restliche Butter in einer großen Pfanne erhitzen. Die Fischfilets waschen, trockentupfen und im Fett von beiden Seiten goldbraun backen. Aus der Pfanne nehmen und auf Küchenpapier abtropfen lassen. Die Sauce auf vorgewärmte Teller verteilen und die Fischfilets darauf geben. Dazu Kartoffelgratin reichen.

Egli in Weißwein

500 g Egli-Filets
Salz
Pfeffer
1 Teelöffel gemischte Kräuter (Estragon, Dill, Petersilie, Thymian, Majoran)
3 Schalotten
100 g Butter
200 ml Weißwein
100 ml Doppelrahm

Die Egli-Filets mit Salz, Pfeffer und den Kräutern einreiben. Danach 1 Stunde ziehen lassen. Die gehackten Schalotten in ein wenig Butter anbraten und mit dem Wein ablöschen. Die Egli-Filets in die Sauce legen und bei geringer Hitze etwa 10 Minuten ziehen lassen. Die Filets dann herausnehmen und auf einer Platte warm stellen. Die Sauce auf die Hälfte einkochen, den Rahm einrühren und leicht eindicken lassen.

Die Sauce vom Herd nehmen und die Butter unter kräftigem Schlagen langsam zugeben. Die Filets zum Abschluss mit dieser Sauce überziehen und sofort servieren.

Trüschen

4 Trüschen
4 Tomaten in Würfel geschnitten
1 El Kapern
1 Zwiebel
1 El Petersilie
1 El Kerbel
2 Sardellenfilets
50 g Butter
2 El Mehl
Salz
Pfeffer

Die Trüschen mit Salz und Pfeffer würzen, mehlen und in Butter in einer Pfanne goldgelb braten. Unterdessen die Zwiebel und die Kräuter fein hacken, die Tomaten und Sardellen in Würfel schneiden. In einer weiteren Pfanne dämpfen. Die Kräuter-Tomaten-Masse über die Fische geben und anrichten.

Forellen mit Mandeln

4 küchenfertige Forellen
Milch
Salz
Pfeffer
2 El Weizenmehl
100 g Butter
50 g gehackte Mandeln
1 Zitrone
2 El gehackte frische Petersilie

Die Forellen gut waschen und trockenreiben. Anschließend durch die Milch ziehen und innen und außen mit Salz und Pfeffer einreiben. Fische im Mehl wenden.

50 g Butter in einer großen Pfanne zerlassen und die Fische darin von beiden Seiten je 7 Minuten braten. Vorsichtig aus der Pfanne nehmen und warm stellen. Die restliche Butter in einer zweiten Pfanne schmelzen und die gehackten Mandeln darin goldgelb rösten. Die Fische mit den Mandeln überziehen. Die Zitrone heiß waschen und in Scheiben schneiden. Die Fische mit je einer Zitronenscheibe belegen und mit Petersilie bestreut servieren. Dazu Salzkartoffeln und grünen Salat reichen.

Steinbeißer

3 El Butterschmalz
4 Steinbeißerfilets (à 200 g)
250 g Pfifferlinge
1/2 Bund Frühlingszwiebeln
200 ml helles Bier
200 ml Sahne
Salz
Fischgewürz

Den Backofen auf 200 °C (Umluft 180 °C) vorheizen. Eine große Form mit dem Schmalz einfetten. Die Fischfilets waschen und trockentupfen. Mit Salz und Pfeffer würzen und in die Form legen. Die Pilze putzen und je nach Größe klein schneiden. Die Frühlingszwiebeln putzen, waschen und streifig schneiden. Pilze und Zwiebelstreifen über den Filets verteilen, das Bier darüber gießen. Alles im Ofen etwa 12 Minuten dünsten.

in Bierrahm

Anschließend die Filets aus der Form nehmen und warm stellen. Den Bratenfond durch ein Sieb in einen Topf gießen, die Sahne unterziehen und etwas einkochen lassen, bis sie sämig ist. Mit Salz und Fischgewürz abschmecken. Fischfilets mit Pilzen und Zwiebelstreifen auf Teller verteilen, die Sauce darüber geben. Dazu passen Nudeln.

Badischer Hecht

4 Hechtfilets à ca. 200 g
3–4 El Zitronensaft
2 kleine Schalotten
1 El Kapern
1 Sardellenfilet
1 Bund gehackte Petersilie
200 g Crème fraîche
Salz
Pfeffer
125 ml Weißwein
150 g geriebener Butterkäse

Die Hechtfilets mit dem Zitronensaft beträufeln und 30 Minuten ziehen lassen. Schalotten schälen und fein hacken. Abgetropfte Kapern mit dem Sardellenfilet fein hacken. Alles mit der Petersilie und der Crème fraîche verrühren. Den Backofen auf 200 °C (Umluft 180 °C) vorheizen. Die Hechtfilets salzen und pfeffern. Den Wein in eine Auflaufform gießen und die Filets in die Form legen. Die Hechtfilets mit der Würzmischung bestreichen und mit dem Käse gleichmäßig bestreuen. Im Backofen etwa 60 Minuten braten lassen.

Felchen

4 Blaufelchen
(je etwa 300 g)
4 El Zitronensaft
Salz
Pfeffer
3 El Mehl
3 Eigelb
3 El Semmelbrösel
Fett zum Backen

Die Blaufelchen ausnehmen, waschen, mit Zitronensaft beträufeln und mit Salz bestreuen. Zuerst im Mehl, dann in Eigelb und in Semmelbröseln wenden, den Vorgang nochmal wiederholen. Das Fett in einer Pfanne erhitzen und die Fische etwa 10–15 Minuten darin ausbacken, bis sie goldgelb sind.

Lachs mit Meerrettichkruste

200 g Butter
300 g Paniermehl
6 Tl frisch geriebener Meerrettich
4 Lachsfilets à ca. 200 g
Salz
frisch gemahlener Pfeffer

Von der weichen Butter 175 g mit dem Paniermehl und dem Meerrettich verrühren. Die Lachsfilets von beiden Seiten salzen und pfeffern. Anschließend im Backofen bei 200 °C (Umluft 180 °C) von beiden Seiten etwa 2–3 Minuten grillen. Lachs herausnehmen, gleichmäßig mit der Meerrettichmasse bedecken und unter dem Grill goldbraun überbacken. Dazu einen in Sahne und Wein gegarten Blattspinat oder Rahm-Mangold servieren.

Desserts und Backwaren

Zwetschgenwähe

250 g Mehl
175 g Zucker
1 Prise Salz
40 g weiche Butter
6 Eier
750 ml Milch
20 g frische Hefe
1 1/2 kg Zwetschgen
1 P. Vanillinzucker
180 g Weichweizengrieß
abgeriebene Schale von
1 unbehandelten Orange
Fett für die Form
Hagelzucker und Mandelstifte zum Bestreuen

Mehl, 50 g Zucker, Salz, Butter und 1 Ei in eine Schüssel geben. 125 ml lauwarme Milch mit der Hefe verrühren und dazugießen. Alles zu einem Teig verkneten, bis er sich vom Schüsselrand löst. Mit etwas Mehl bestäuben und abgedeckt etwa 20 Minuten gehen lassen. Zwetschgen abreiben und entsteinen. Restliche Milch mit restlichem Zucker und Vanillinzucker aufkochen. Grieß mit der Orangenschale unterrühren, 5 Minuten quellen lassen. Restliche Eier trennen, Grießbrei mit dem Eigelb legieren. Backofen auf 175 °C (Umluft 150 °C) vorheizen. Teig einmal durchkneten, ausrollen und auf eine gefettete Fettpfanne legen. Teigrand leicht hochdrücken. Eiweiß zu Eischnee schlagen und unter den Grießbrei heben. Die Masse auf den Teigboden streichen und die Zwetschgen hineinsetzen. Den Kuchen im vorgeheizten Backofen etwa 50 Minuten backen. Den Kuchen eventuell abdecken, damit die Oberfläche nicht verbrennt. Den lauwarmen Kuchen mit Hagelzucker und Mandelstiften dick bestreuen.

Linzer Torte

150 g Butter
250 g Mehl (700)
150 g Puderzucker
100 g geröstete Haselnüsse
1 Ei
1 Päcken Vanillezucker
Schale einer halben Zitrone
1 Messerspitze Zimt
1 Messerspitze Nelkenpulver
10 g Backpulver
300 g Johannisbeermarmelade

Die Butter und den Zucker verkneten. Das gesiebte, mit dem Backpulver vermischte Mehl, Nüsse, Eier, Vanillezucker, Zitronenschale, Zimt, und das Nelkenpulver dazukneten. Den fertigen Teig kalt stellen, nach einiger Zeit aus dem Kühlschrank nehmen und vierteln. Dreiviertel des Teiges auf ca. 1,5 cm ausrollen (Tortendurchmesser ca. 22 cm), die Marmelade aufstreichen. Den restlichen Teig zu Rollen formen und als Gitter und Rand auf die Marmelade auflegen. Mit Ei bestreichen, am Rand mit gehobelten Mandeln bestreuen. Backzeit 40–45 Minuten bei ca. 190 °C (Umluft 170 °C) .

Bluddköpf

500 g Mehl
100 g Zucker
Salz
2 El Zwetschgenwasser
1 Ei
2 Eigelb
150 g Butter
450 ml Milch
1 Würfel Hefe
Mehl zum Ausrollen

Das Mehl in eine Schüssel geben. 75 g Zucker, 1 Prise Salz, Zwetschgenwasser, Ei, Eigelb und 75 g Butter in Flöckchen dazugeben. Etwa 300 ml lauwarme Milch mit der Hefe verrühren und dazugießen. Alles zu einem Hefeteig kneten, bis er Blasen wirft. Zugedeckt etwa 30 Minuten gehen lassen. Den Teig kräftig durchkneten und auf einer bemehlten Arbeitsfläche etwa 2 cm dick ausrollen. Kreise mit einem Durchmesser von etwa 6 cm ausstechen. Zugedeckt etwa 20 Minuten gehen lassen. Die restliche Butter in einer Pfanne mit Deckel erhitzen, restlichen Zucker darin leicht bräunen und die Teigkreise darauf setzen. Die restliche Milch etwa 2 cm hoch dazu gießen. Die Milch aufkochen lassen, die Pfanne sofort verschließen, damit sich schnell Dampf entwickelt. Nach etwa 10 Minuten den Herd abschalten und die Dampfnudeln noch etwa 20 Minuten nachziehen lassen, damit sie sich stabilisieren. Dazu schmeckt frisch gekochtes Apfelkompott.

Gefüllte Zwetschgen

125 g Butter
500 g Zwetschgen
2 Eier
225 g Puderzucker
125 g gehackte Mandeln
125 g gehackte Walnüsse
60 g Speisestärke
50 g Paniermehl
4 Eigelb
150 g Zucker
250 ml Weißwein
ca. 1 Tl gemahlener Zimt
Butter für die Form

Den Backofen auf 200 °C (Umluft 180 °C) vorheizen. Die Butter zerlassen und wieder abkühlen lassen. Die Zwetschgen abreiben, einschneiden und entsteinen. Die Eier und den Puderzucker dickschaumig schlagen. Die Mandeln und die Walnüsse mit Butter, Stärke und Paniermehl vermengen. Die Zwetschgen mit der Masse füllen und in eine gefettete Auflaufform legen. Im Backofen 5 Minuten backen. Eigelb mit Zucker, Weißwein und Zimt im Wasserbad dickschaumig schlagen. Die Masse aufwallen lassen, sofort vom Herd nehmen und lauwarm rühren. Die heißen Zwetschgen auf dem Schaum anrichten.

Scherben

2 Eier
1 Eigelb
75 g Butter
80 ml Weißwein
40 ml Kirschwasser
400 g Mehl
Butterschmalz zum Ausbacken
Zimt und Zucker zum Bestreuen
Mehl zum Ausrollen

Die Eier mit dem Eigelb mit dem Handrührgerät gut schaumig rühren. Die Butter zerlassen und darunter rühren. Wein und Kirschwasser ebenfalls unterrühren, anschließend das Mehl unterkneten. Den Teig etwa 60 Minuten kalt stellen, anschließend einmal kräftig durchkneten und zu Rollen formen. Die Rollen in walnussgroße Stücke schneiden und auf einer gut bemehlten Arbeitsfläche sehr dünn ausrollen. Das Fett auf 180 °C erhitzen und jeweils nur 2–3 Teigblätter darin schwimmend ausbacken, damit sie schön wellig werden. Scherben herausnehmen und auf Küchenpapier abtropfen lassen. Noch heiß mit etwas Zimt und Zucker bestreuen.

Schwarzwälder

300 ml Milch
140 g Zucker
1 Vanilleschote
750 g Sauerkirschen
250 ml Rotwein
1 1/2 El Speisestärke
100 ml Kirschwasser
3 Eigelb
4 Blatt weiße Gelatine
600 g Sahne
50 g Schokoladenborken

Milch mit 100 g Zucker, ausgekratztem Vanillemark und Vanilleschote aufkochen, von der Herdplatte nehmen und etwa 10 Minuten ziehen lassen. Kirschen waschen, entsteinen und mit Rotwein und restlichem Zucker aufkochen. 1 El Speisestärke mit etwas Wasser glatt rühren und Kirschen damit binden. Mit Kirschwasser abschmecken und in Dessertgläser verteilen. Vanilleschote entfernen und Eigelb mit der

Kirschcreme

restlichen Stärke verrühren. Mit der heißen Milch unter ständigem Rühren einmal aufkochen lassen. Topf vom Herd nehmen, eingeweichte Gelatine darin unter Rühren auflösen und kalt stellen. Sobald die Masse anfängt fest zu werden, steif geschlagene Sahne unterheben. Vanillecreme in die Gläser füllen und mit Schokoladenborken garnieren.

Staufenberger Erdbeeren

2 Eiweiß
140 g Zucker
200 ml badischer Rotwein
1 Msp. gemahlene Nelken
Saft von 1 Orange
Saft und Schale von
1 unbehandelten Zitrone
ca. 1 Tl Speisestärke
125 g Erdbeeren
gehackte Walnusskerne
zum Dekorieren
Backpapier

Eiweiß sehr steif schlagen und nach und nach 100 g Zucker unterschlagen. Mit einem Spritzbeutel auf ein mit Backpapier belegtes Backblech vier Kreise von 8 cm Durchmesser spritzen. Im Backofen bei 100 °C (Umluft 80 °C) etwa 2 Stunden backen. Rotwein mit restlichem Zucker, Nelken, Orangen- und Zitronensaft und Zitronenschale aufkochen. Mit Speisestärke binden und 3 Minuten köcheln lassen. Die Erdbeeren waschen, abtropfen und putzen, anschließend halbieren und unter den etwas abgekühlten Rotweinsud heben. Baisers auf Teller heben und Erdbeeren daraufsetzen. Mit Walnüssen bestreuen und servieren.

Apfelgratin

4 El Rosinen
2 cl Rum
5 Äpfel
1 El Zitronensaft
100 gehackte Haselnüsse
4 El Zucker
1 Tl Zimt
150 g saure Sahne
250 g Sahne
Fett für die Form

Die Rosinen heiß waschen und mit dem Rum beträufeln. Die Äpfel schälen, vierteln, von den Kerngehäusen befreien und in Spalten schneiden. Den Backofen auf 200 °C (Umluft 180 °C) vorheizen. 4 kleine Auflaufformen einfetten und die Äpfel hineinschichten. Sofort mit Zitronensaft beträufeln. Die gehackten Haselnüsse darüber streuen. Anschließend die Rumrosinen zugeben. Zucker mit Zimt vermischen und über die Äpfel streuen. Saure Sahne mit der geschlagenen Sahne mischen und über die Äpfel gießen. Das Gratin im Ofen etwa 30 Minuten backen und anschließend in der Form etwas auskühlen lassen. Warm servieren.

Birnen mit Holundersauce

4 Birnen
300 g Zucker
1 Vanillestange
100 g Holunderbeeren

Die Birnen waschen, schälen, halbieren und von Stielansätzen und Kerngehäusen befreien. 250 g Zucker mit 1/2 l Wasser verrühren und zusammen mit der Vanillestange sirupartig einkochen lassen. Dann die Birnenhälften hineinlegen und etwa 5 Minuten garen. Inzwischen die Holunderbeeren verlesen, waschen und mit dem restlichen Zucker und 2 El Wasser etwa 10 Minuten köcheln, dann durch ein Sieb streichen. Die Holundersauce auf Teller verteilen. Die Birnen aus dem Zuckersud nehmen, abtropfen lassen und in die Sauce legen. Dazu Vanilleeis reichen.

Pfirsichsoufflee

120 g Zucker
3 Eier
75 g Mehl
350 ml Milch
Mark von 1/2 Vanilleschote
2 El Pfirsichmus
Butter für die Form
Zucker für die Form

Den Backofen auf 180 °C (Umluft 160 °C) vorheizen. Den Zucker in einer Schüssel mit den Eiern und dem Mehl glatt rühren. Die Milch erwärmen, das Vanillemark sowie das Pfirsichmus einrühren und die heiße Milch unter Rühren zur Eimasse geben. Die Masse in einen Topf füllen und unter Rühren erhitzen, bis daraus eine dicke Creme entstanden ist. Eine Souffleeform mit Butter einfetten und mit Zucker ausstreuen. Die Souffleemasse in die Form füllen. Das Soufflee im Ofen etwa 20 Minuten backen, währenddessen die Ofentür nicht öffnen. Soufflee mit einer Sauce nach Wahl servieren.

Heidelbeerkuchen

200 g Mehl
100 g Butter
1 El Zucker
1 Prise Salz
400 g Heidelbeeren
1 Ei
250 ml Sahne
2 El Zucker

Den Backofen auf 180 °C (Umluft 160 °C) vorheizen. Mehl, Butter, Zucker und Salz miteinander verrühren und zu einem glatten Teig verkneten. Teig 30 Minuten ruhen lassen. Die Heidelbeeren verlesen, waschen und gut abtropfen lassen. Den Teig ausrollen und in eine Springform (24 cm Ø) legen, die Ränder gut festdrücken. Teig mit einer Gabel mehrmals einstechen. Die Heidelbeeren auf den Teig legen. Das Ei mit Sahne und Zucker verquirlen und über die Beeren geben. Den Kuchen im Ofen etwa 20 Minuten backen. Mit geschlagener Sahne servieren.

Kratzete mit frischen Kirschen

2 Eier
375 ml Milch
250 g Mehl
Butterschmalz zum Backen
1 El Grießzucker
500 g Kirschen

Eier, Milch und Mehl zu einem Teig verarbeiten. Butterschmalz in einer Pfanne braun werden lassen und abschütten. Ein Viertel des Teiges in die Pfanne gießen und beidseitig anbraten. Mit zwei Holzlöffeln in Stücke rupfen. Den Grießzucker zugeben und leicht karamellisieren. Auf einem Backblech im Ofen warm halten und die übrigen Teigportionen nach dem gleichen Prinzip verarbeiten. Zum Schluss die Kratzete auf Teller verteilen, die frischen Früchte hinzu geben und mit Puderzucker bestreut servieren.

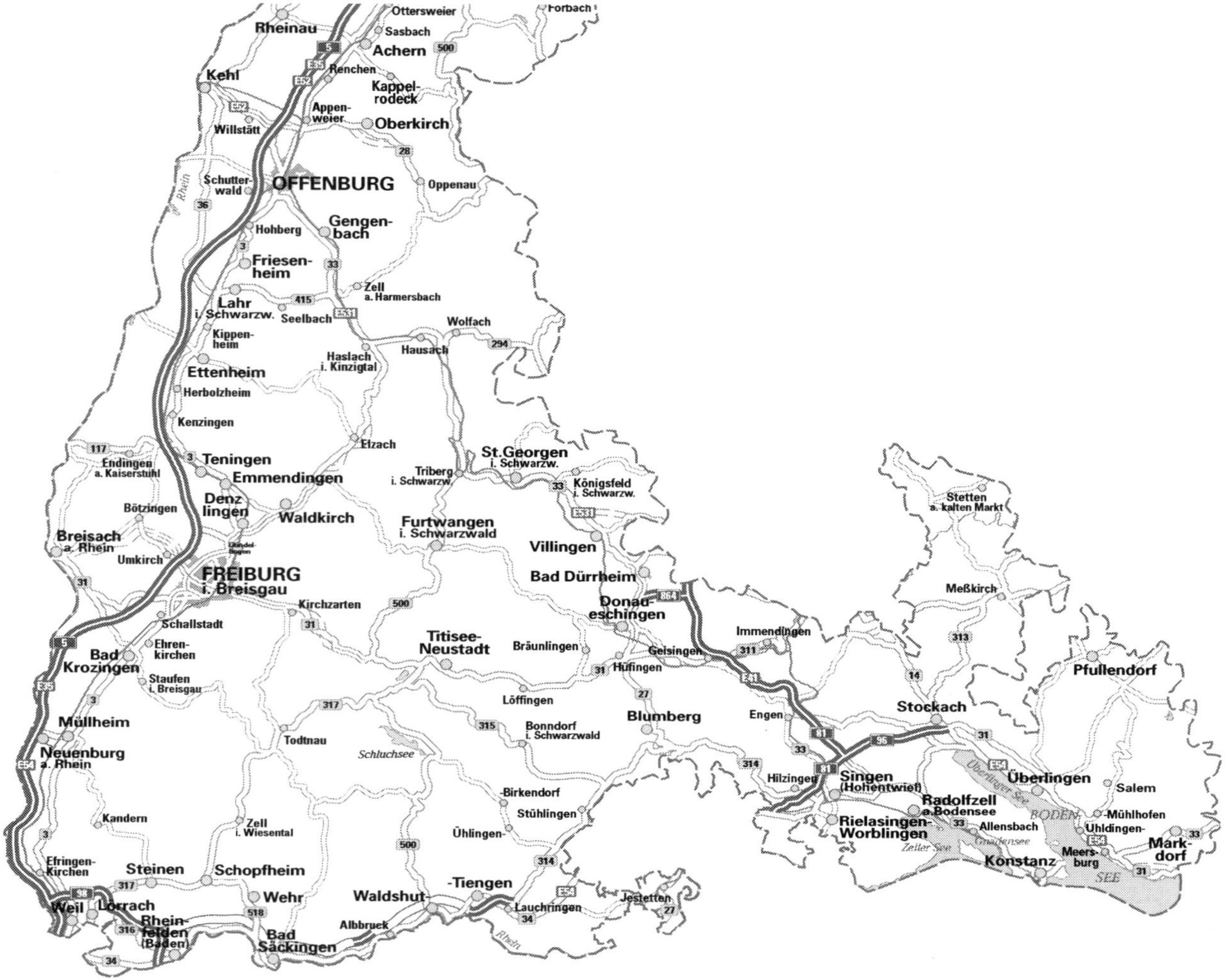

Rheinau
Ottersweier
Forbach
Sasbach
Achern
Kehl
Renchen
Kappel-rodeck
Appen-weier
Oberkirch
Willstätt
Schutter-wald
OFFENBURG
Oppenau
Rhein
Hohberg
Gengen-bach
Friesen-heim
Zell a. Harmersbach
Lahr i. Schwarzw.
Seelbach
Wolfach
Kippen-heim
Hausach
Haslach i. Kinzigtal
Ettenheim
Herbolzheim
Kenzingen
Elzach
Endingen a. Kaiserstuhl
Teningen
St.Georgen i. Schwarzw.
Emmendingen
Triberg i. Schwarzw.
Königsfeld i. Schwarzw.
Stetten a. kalten Markt
Bötzingen
Denz-lingen
Waldkirch
Furtwangen i. Schwarzwald
Breisach a. Rhein
Villingen
Umkirch
FREIBURG i. Breisgau
Bad Dürrheim
Meßkirch
Kirchzarten
Donau-eschingen
Schallstadt
Titisee-Neustadt
Immendingen
Bräunlingen
Ehren-kirchen
Geisingen
Pfullendorf
Bad Krozingen
Hüfingen
Staufen i. Breisgau
Löffingen
Stockach
Müllheim
Blumberg
Engen
Bonndorf i. Schwarzwald
Todtnau
Neuenburg a. Rhein
Schluchsee
Überlingen
Hilzingen
Singen (Hohentwiel)
Salem
Birkendorf
Radolfzell a. Bodensee
Mühlhofen
Kandern
Stühlingen
Zell i. Wiesental
Rielasingen-Worblingen
Allensbach
Uhldingen-
Überlinger See
Bodensee
Ühlingen-
Zeller See
Gnadensee
Mark-dorf
Efringen-Kirchen
Meers-burg
Steinen
Schopfheim
Konstanz
Tiengen
Weil
Lörrach
Wehr
Waldshut-
Jestetten
Lauchringen
Rhein-felden (Baden)
Albbruck
Bad Säckingen

0 10 20 30 km
Wertheim
Külsheim
Tauber-bischofsheim
Hardheim
Walldürn
Lauda-
-Königshofen
Mudau
Buchen (Odenwald)
Boxberg
Eberbach
Osterburken
Adelsheim
Mosbach
Billigheim
Obrigheim
Neudenau
Neckar
Weinheim
MANNHEIM
Ladenburg-
Schriesheim
Neckarhsn.
Dossenheim
Eppelheim
Brühl
HEIDELBERG
Neckargemünd
Ketsch
Oftersheim
Leimen
Hockenheim
Nußloch
Meckesheim
Walldorf
Wiesloch
Waibstadt
St. Leon-
-Rot
Sinsheim
Mühlhausen
Philippsburg
Waghäusel
Östringen
Kirchardt
-Neudorf
Bad Schönborn
Graben-
Ubstadt-Weiher
Eppingen
-Hochstetten
Linkenheim-
Bruchsal
-Leopoldshafen
Eggenstein-
Weingarten
Bretten
KARLSRUHE
Walzbachtal
Pfinztal
DURLACH
Neulingen
Rheinstetten
Remchingen
Ettlingen
Ispringen
Durmersheim
Bietigheim
PFORZHEIM
Malsch
Rastatt
Muggensturm
Marxzell
Gaggenau
Tiefenbronn
Baden-Baden
Rheinmünster
Sinzheim
Gernsbach
Bühl
Forbach
Ottersweier
Rheinau
Sasbach

Printed by Amazon Italia Logistica S.r.l.
Torrazza Piemonte (TO), Italy

46178925R00084